作者简介

　　张先，男，1966年9月生，大学本科学历，硕士学位，高级编辑。1987年7月北京广播学院新闻系毕业，分配到山东人民广播电台工作，曾任青岛记者站记者、专题部编辑、节目组组长、社教部副主任、新闻部副主任、文艺频道总监，现任山东广播电视台办公室主任。

　　工作以来，主创作品3件连续获得全国精神文明建设"五个一工程"优秀作品奖；12件分别获得中国新闻奖、中国广播影视大奖等国家级奖项；撰写发表新闻、文艺、管理等方面论文11篇；出版《情满昆仑——张先广播剧剧作精选》1部。山东省第二批"齐鲁文化英才"。中国广播剧研究会副秘书长、中国广播电视协会广播电视文艺工作委员会副秘书长、山东省国际文化交流中心理事、山东省理论创新研究会常务理事。

媒眼

张先　著

山东教育出版社

图书在版编目（CIP）数据

媒眼 / 张先著 . —济南：山东教育出版社，2015
ISBN 978-7-5328-9182-5

Ⅰ．①媒… Ⅱ．①张… Ⅲ．①广播工作—文集
②电视工作—文集 Ⅳ．① G22-53

中国版本图书馆 CIP 数据核字（2015）第 256281 号

媒眼

张先 著

主　管：山东出版传媒股份有限公司
出版者：山东教育出版社
　　　　（济南市纬一路321号　邮编：250001）
电　话：（0531）82092664　传真：（0531）82092625
网　址：www.sjs.com.cn
发行者：山东教育出版社
印　刷：山东新华印务有限责任公司
版　次：2015年10月第1版第1次印刷
规　格：710mm×1000mm　16开本
印　张：11.5印张
字　数：202千字
书　号：ISBN 978-7-5328-9182-5
定　价：38.00元

（如印装质量有问题，请与印刷厂联系调换）
印厂电话：0531-82079130

序

／韩国强

　　《媒眼》一书收录了张先同志近十年来撰写的一些论文和调查报告，可以说是一部立足于广播电视工作实际，内容丰富，逻辑严谨的理论专著。张先同志在山东广电多个宣传业务岗位上工作过。他勤思好学，注重增强个人的理性思维能力，喜欢从现象中追求本质，从发展中把握规律，在纷繁复杂的局势中保持清醒的头脑，以增强工作的主动性和敏锐性。这本书中，既有关于节目、主持人、频道发展的散论，也有对广电媒体实践的思考，还有媒体品牌建设和发展战略的考量和设计。其思路因时而动，观点因事而发，能站在行业发展的潮头观风识雨，很多观点颇具新意，尤其对广播电视媒体品牌建设有较为深入的研究。在《试论广播频道的专业化和风格化》中，论述了"品牌频道、品牌节目和品牌主持人"的"三品"战略；在《广播传媒品牌开发策略研究》中，通过理论和实例研究相结合，提出了传媒品牌的特性和经营理念；在《山东省级广播电视媒体品牌的建设与管理》中，进一步明确"品牌才是核心竞争力"的观念，并从"整合、聚集、增值、辐射、放大"五个方面阐明品牌化之路，其广电媒体品牌论述渐成体系。

　　媒体发展是人类文明进程的缩影，与时代同步，与经济社会发展合拍。如今，传统媒体与新兴媒体融合发展已成为必然趋势。今后一切传媒要素、形态、手段、功能、渠道，甚至组织架构、所有权等等，都将会快速裂变、汇聚、重组融合，资源共享，集中处理，形成新的作业模式，实现技术融合、内容融合和经营方式融合，衍生出不同形式的信息产品，然后通过不同的终端平台传播给受众。今天，无论是理论创新者还是实践开拓者，对于媒体融合发展的认识也趋于一致。那就是媒体融合是分层次、分阶段进行的过程，包括媒介互动——媒体战术性融合，媒介整合——媒体组织结构性融合，媒介融合——不同媒介形态集中到一个多媒体数字平台上。单纯办新媒体不等于融合，融合需要流程再造、结构调整、用户关系重构、技术与资本支撑等"四轮驱动"。近几年来，山东广播电视台在新媒体发展方面起步较早，布局较快，在全国首批成立网络广播电视台；多个新媒体业务板块齐头并进；多个产品已经具备盈利能力；与中国科学院联合成立了山东新媒体研究院，搭建融媒体产品研发和人才培育的高层次平台；建设的全媒体"中央厨房"，为山东广播电视台带来组织架构和流程管理的"自我革命"。本书中《试论广播电视与新兴媒介融合发展之道》一文，总结了山东广电新媒体发展的探索历程，对媒体融合发展的理论和实践进行了系统梳理，进一步阐释了传统广电媒体加快转型，实现融合发展，是求存图强的必然选择，我们应该抛弃传统思维惯性，以互联网思维，进入以用户为核心的产业生态竞争中去。

　　纵览全书，既有感性展示，又有理性分析，从单边发展，到多元竞合，再到全媒体布局，融媒体突破，多侧面多角度勾勒出了广电主流媒体近十年来的"进化"轨迹，展现了广播电视葱茏茂盛的媒体"生态圈"。这恐怕是本书出版的最大意义之所在。

目 录

1

第三辑　见微知著

第一辑 传媒新变

试论广播电视与新兴媒介融合发展之道

近几年来，随着数字技术、网络技术等新型传播技术快速发展，报纸、广播、电视等传统媒体受到空前冲击，并发生剧烈变革，新旧媒体之间出现了媒介融合的趋势，"媒介融合发展"已成为传媒业界和学术界的热词。党的十八届三中全会明确提出，要整合新闻媒体资源，推动传统媒体和新兴媒体融合发展。要求从巩固宣传思想文化阵地、壮大主流思想舆论出发，加快建设形态多样、手段先进、具有强大传播力和竞争力的新型主流媒体。加快传统媒体与新兴媒体的融合发展，既是中央高瞻远瞩、深刻把握媒介发展趋势的战略部署，也是当前传统媒体面临生死存亡的现实选择。

一、准确把握融合发展的内涵和要求

媒介融合，是中国人民大学蔡雯教授在出国考察了美国新媒体实践与理论探索后，首次在国内提出的一个概念。对于媒介融合的概念界定，目前尚未形成统一的观点，检索相关研究文章，大体有几种代表性观点。

（1）数码电子科技的发展是导致历来泾渭分明的传播形态聚合的原因。

（2）媒体的融合更多的是指媒介之间的合作与联盟。

（3）融合新闻发生在新闻编辑部里。新闻从业人员一起工作，为多种媒体的平台生产多样化的新闻产品，并以互动的内容服务大众。

综合国内外的研究和实践，媒介融合我们可以这样认识，它是指将不同的媒介形态融合在一起，由量变产生质变，形成一种新的媒介形态，如手机报、手机电视、网络广播、网络电视等，进而带动一切媒介及相关要素的汇聚与融合。由此我们可以看出科技的创新与媒介的发展是媒介融合的主要动因。随着数字技术和网络技术的不断进步，计算机作为信息处理设备已经广泛应用于传统媒体的日常工作中，成为传输文字、音频、视频的主要工具，支撑起信息的内容共享；网络技术本身带有的传播费用低、信息容量大和信息链接方便的特点，改变了人类信息的传播方式和世界的生存方式，为各种信息汇聚支撑起平台，这些技术因素为媒介融合提供了生态条件。媒介是人的延伸，媒体的高速发展，不断提供更多的产品和服务，满足了受众便携性、多样性、个性化的需求，使得媒体市场由媒体占主导地位转变为受众占主导地位。而细分的市场，小众化的传播的追求，使得传统媒体有了通过新的媒介形态开拓市场并满足受众需求的冲动，这些受众因素成为传统媒体主动与新兴媒体融合的市场动力。传媒管制政策的适度放松，政府激励政策的促进作用，也为媒体融合提供了制度保障。可以预见未来的中国传媒业必将跟随国际化潮流，在媒介融合中产生较大变革。

二、正视新兴媒体的挑战，加快广播电视转型

互联网自1994年正式引入中国，它以"数字信息技术为基础，以互动传播为特点"，不断创新着媒体的各种形态。来自中国互联网中心的消息，截至2013年12月，中国网民规模已达6.18亿，其中手机网民超过5亿。目前尽管越来越多的用户通过互联网在PC（个人计算机）、手机和Pad（平板电脑）上收听收看音视频，新兴媒体的地位和受众规模与广播电视相

比，还是不可同日而语。但是，传统媒体和新兴媒体此消彼长的态势非常明显，新兴媒体将迅速改变传统媒体原有的生产、传播模式及发展方向。

1. 新兴媒体改变了视听传播方式

当前，随着现代信息技术的发展，视听传播呈现以下三个趋势：一是日益开放、互动和去中心化的新型传播方式逐步打破了传统"大一统"、相对封闭和垄断的广播电视传播方式，改变了过去广播电视单向传播、受众被动接受的方式，位居中心的传播者和处于边缘的接受者之间的关系被重新平衡；二是数字化、网络化、交互性的视听内容和服务将逐渐取代传统的模拟内容和服务，碎片化、多样化、个性化的内容产品和信息服务在当下更受青睐；三是基于互联网的新兴媒体渗透力强，覆盖面广，以互联网为代表的视听节目已经成为广大群众文化生活的重要组成部分，传统广电媒体的收视率和影响力都受到了较大的影响。

2. 新兴媒体改变了媒体发展格局

视听传播方式的嬗变，改变了广播电视与新兴媒体的力量对比。一方面，新兴媒体分割了广播电视的受众。据统计，截至2014年2月20日，腾讯视频PC端、移动端在播电视综艺节目资源十多档，总体播放量突破了10亿次。换言之，有超过10亿人次在网络平台上收看电视节目。这仅是腾讯视频一家的规模。以网络视频为代表的新媒体分化传统广电媒体的受众已由趋势转变为常态。另一方面，新兴媒体瓜分了广播电视的广告份额。在全媒体、碎片化传播的模式下，单向传输的广告模式影响力直线下降。2013年，互联网广告总量继2012年超越报刊之后再次超越电视。2014年1月，海尔更是宣布停止在杂志上投放硬广告，在报纸和电视的广告投入也大幅下滑。

3. 新兴媒体改变了舆论生态环境

视听传播方式的改变、受众群体的转移、媒体力量对比的变更，带来了舆论生态的改变，在由广播电视等传统媒体塑造的主流舆论场之外，新兴媒体又塑造了一个全新的社会舆论场。随着新兴媒体话题设置、影响舆论的能力日益增强，大量社会热点在网上迅速生成、发酵、扩散，使得广播电视的舆论主导地位受到很大削弱，存在被边缘化、丧失话语权的危险。

面对新兴媒体的冲击，广播电视未来转型迫在眉睫。具体到电视传媒，就是要用互联网思维来指导实现八大转型。一是把电视频道转变为产品，也就是转变为视频App（应用程序）。类似于移动互联网的各种App，以用户为中心，不断迭代，不断完善，提供最好的用户体验，积聚最大量的用户群体。二是把电视观众转变为用户。通过视频App产品建立完整的用户体系，掌握用户的收视行为、习惯、偏好、个人信息等资料，为用户提供个性化节目体验的同时为精准广告、在线交易等商业模式提供空间。三是把传播转型为运营。互联网消除了信息不对称、信息碎片化，电视台传播的功能和优势不复存在，运营产品、运营用户、运营商业将成为电视台转型的方向。四是把渠道转变为平台。传统电视台将节目制作播出后，有线电视网络、卫星电视网络以及地面电视网络等渠道负责将节目传输给观众，电视台在转型中必须有互联网电视的技术平台，在互联网视频平台上直接完成节目的播出传输。五是从客厅转型为移动。传统的收视场景是一家人在客厅里一起看电视，这个情形正在成为历史。视频的无处不在、无时不在成为新的收看方式，视频跨屏传输、多屏分发，无线宽带网泛在化，移动化将是视频消费的必需组成部分。六是从孤立到社交。在互联网社交网络、移动互联网社交网络覆盖了绝大多数人群之后，视频的社交化分享、发现、评论等成为必然。视频产品必须具备社交功能，实现电视的社交化。七是终端从功能转向智能。和功能手机一样，传统的电视接收机慢慢退出历史舞台，电视的收视终端将全面智能化，包括智能电视机、智能机顶盒、游戏机、蓝光播放机、网络电视机顶盒、PC、Pad、智能手机等，都将成为视频收视终端。电视转型必须面对不同操作系统、不同尺寸屏幕的各种终端。八是传输渠道从专网变为公共互联网。以往的电视传输渠道，包括地面网络、有线网络、卫星网络等，都是传输电视节目的专门网络。随着宽带网络的快速提升，电视专网将不再是视频的唯一传输渠道。

三、发挥广播电视优势，探索与新兴媒体融合发展的路径

新媒体代表着发展的趋势和方向，传统媒体代表着品牌和公信。媒体融合，不是多种媒体形态简单的物理叠加，而是基于信息、通讯和网络技术，经由融合实现转型的"化学反应"，最终构建形成一种新的媒体传播形态，新旧媒体融合必将会激发出新的发展活力。山东广播电视65年的发展历程，经历了起步、发展、壮大三个时期。1948年11月8日，山东广播在解放济南的隆隆炮火中开始播音。1960年10月1日，山东电视在济南正式播出，开启了山东广电事业的序幕。特别是1994年1月山东卫视在全国第一批实现卫星传送，成为山东面向全国乃至境外的宣传窗口，山东广播电视进入了腾飞发展的黄金时期。根据中央和省文化体制改革要求，2011年，山东广播电视统一整合组建山东广播电视台，一个集广播、电视、报刊、新媒体、影视制作、文化产业开发为一体的实力雄厚的多业态综合性省级传媒机构应运而生。如今，网络和数字技术裂变式发展，带来媒体格局的深刻调整和舆论生态的重大变化，深刻影响着传统媒体的发展，山东广播电视发展面临新的挑战。我们深刻认识到，推动传统媒体与新兴媒体融合发展，开拓新兴媒体领域，延伸传统媒体影响力，是传统媒体谋求未来的必由之路，也是在传媒竞争中赢得制高点的重要手段。

近年来，山东广电通过不断探索，在深挖统合传统优势资源，加强网台联动，搭建新的传播平台，运用互联网思维再造视听节目生产流程，打造面向各终端、具有互动性的内容产品方面进行了积极探索，提出了"创立一个主体、加强双向联动、实现全面转型"的媒体融合发展思路。

1. 创立一个主体，抢占融合发展制高点

创立的主体就是山东网络广播电视台。2011年1月7日，国家广电总局正式批准山东广播电视台开办山东网络广播电视台，山东成为全国首批7个

获准开办网络广播电视台的省份之一。2011年11月9日，山东网络广播电视台正式上线揭牌。2011年底，山东网络广播电视台荣膺"中国新媒体十大新锐品牌"，并被山东省委、省政府确认为"山东省重点文化产业项目"。

山东网络广播电视台是山东广电在互联网平台上的机构品牌，旗下涵盖齐鲁网、山东IPTV（交互式网络电视）、山东手机台等多个业务板块。齐鲁网作为全国广电系统中为数不多的国家重点新闻网站，在新闻原创、网络问政、行业落户、台网互动、媒体推广、社区建设等方面不断加大创新与发展力度，影响力迅速提升，已成为山东网络新闻传播权威媒体和省委省政府在互联网上的主要发声口。网页内容不断丰富，质量显著提高，2013年10月，齐鲁网《爱心帮农季》专题获得中国新闻奖一等奖。山东IPTV主要面向电视用户通过宽带互联网接入传输音视频服务。按照国务院三网融合试点要求，2011年7月，山东IPTV集成播控平台建设完成；2012年12月，正式上线商用；目前，直播频道达到117路，并增加了7路高清频道和30路付费轮播频道，点播内容达到2万小时。山东手机台面向手机终端，开展手机视频、手机广播、手机音乐、手机阅读、手机报等业务，发展手机电视用户。目前，无线增值板块6大业务26个产品已实现商用，自主研发的移动多媒体管理系统已获得国家软件著作权登记证书。

2. 加强双向联动，做大做强内容产品

培育主体的目的，一是要站稳互联网舆论阵地，做大做强各终端内容输出；二是要以其为先导，反向推动传统媒体与新兴媒体融合发展。2010年，山东广电成立了新媒体中心，负责全台广电资源的新媒体整合与运营，并连续三年每年投入5000万元扶持新媒体发展。2013年7月，经过广泛调研和深入研究，又制定了《山东网络广播电视台发展规划纲要》，对今后一段时期全媒体发展做了整体布局和全面谋划。同时，进一步探索网台联动路径，在社交互动广播电视、可视化广播等方面做了有益尝试。2011年，山东网络广播电视台为主导，联合广播科学研究院、微博运营商、电信运营商、电视、电脑、手机三屏终端厂商等，成立了中国第一个广电全媒体运营研发机构——中国社交电视实验室。经过两年潜心研发，已推出中国社交互动广播、中国社交互动电视创新产品，并在山东广电旗下广播经济频道、电视农科频道、泰山电视台等10余个广播电视频道运行，丰富了传统广播电视收听收看方式，进一步扩大了广播电视媒体的接受地域和社会影响。同时选择优质广播节目资源，着力打造了《投资麻辣烫》《一村一品》等一批可视化广播产品，通过视音频独家在线同步直播互动，实现了传统广播内容表现形式的网络升级。2010年，创建齐鲁拍客，依托"线下招募人员组建团队+线上搭建互动平台发布作品"的方式，招募了130批7000余人的拍客团队，发布作品50多万篇。在多次突发和重大事件中，齐鲁拍客第一时间的视频和图片资料被中央电视台、新华网等近百家媒体采用。山东卫视及电视农科等频道先后开辟《美丽山东》《拍客独家》专栏，播出齐鲁拍客作品，实现了UGC（用户原创内容）的有效利用。由齐鲁频道、齐鲁网等共同倡议发起成立的国内首家全媒体合作的公益组织——齐鲁公益联盟，坚持"平台支撑、活动策划、项目策划"三位一体，依托网络互动平台，联合多家传统媒体，先后推出爱心寻人互动平台以及"存钱罐爱心行动""敬礼，老兵"等O2O专题（即从线上到线下全媒体公益联盟）活动，产生了广泛的社会影响，探索出一条围绕同一主题跨媒体联动的有效路径。

3. 加快流程再造，实现全面转型

如果说创立一个主体是"办新媒体"，加强双向联动是"用新媒体"，那么，实现全面转型则是要"变新媒体"。只有当传统媒体真正互联网化，广播电视品牌才有可能实现全媒体运营。

2013年4月，山东广播电视台邀请BBC（英国广播公司）三位高管到山东广播电视台考察交流，并就"全媒体时代下的电视巨变"这一主题做了三场报告。BBC的做法是以产品为核心，将原有流程和内容打碎，进而组织、生产符合网络时代受众需求的视听新媒体节目。他们的做法使我们真切感受到，全媒体运营必须打破传统的、各个媒体孤立的生产作业模式，改变垂直型线性流程组织形态，构建以信息集成中心为核心的交互型组织架构，在统一目标指引下，各平台根据各自特点同步传播，实现互联互动，放大传播效应。具体来说，在信息采集环节，要充分利用大数据、全网络、云平台，创新手段形式，利用移动客户端，开发自媒体采集、传输、审核、发布工具，实现信息收集真实、快速、丰富；在信息传输环节，充分利用网络渠道优势和平台处理能力，创新渠道合作机制，实现信息多渠道双向快速传输；在内容制作环节，充分利用高科技数字技术、动态视频技术等，实现多种信息的综合加工，同时生成适合多渠道传播的编码格式和内容形态；在内容审核环节，坚持高度严格、规范，保证全媒体信息在各个环节可管可控，实现统一出口，无一疏漏，确保信息安全与导向正确；在内容分发环节，整合平台渠道优势，利用云平台技术，构建一体化联动传播，实现信息内容瞬间送达各类终端用户群体。

为此，山东广播电视台一方面与中国科学研究院计算技术研究所开展合作，共建新媒体研究院，共同申报国家级科研项目，研究成果全面应用于动态视频领域，为广大用户提供个性化、高质量的新媒体视听服务，并将首先在山东广电全媒体云平台上进行试点和示范，提高山东广电新媒体业务的科技含量、产业价值和核心竞争力。另一方面，投资1.7亿建设了新的电视播控系统和媒资系统，并以此为基础搭建全台网和全媒体播控平台，逐步将所有采集到的信息与素材汇聚到这一平台上，实现资源与需求统一集成，全台各制作网、新闻中心、新媒体中心、新播控中心互联互通，通过业务流程再造，逐步实现节目生产的网络化、文件化、高清化，通过业务流程再造，为发展全媒体业务做好准备。

四、推动体制机制创新，稳固广播电视与新兴媒体融合发展的基础

加速融合发展，实现全面转型，既需要进行技术升级、平台拓展、

内容创新，也需要对组织结构、传播体系和管理体制做出深刻的调整和完善。只有加快改革步伐，积极探索创新，推动形成一体化发展的体制机制，才能为融合发展提供坚实保障和有力支撑。

山东广播电视台利用政策、平台等优势，整合全台广播电视媒体和新媒体资源，实现各种新业务的集中开发和规模运营。全台各种新媒体运营资质和牌照，由山东网络广播电视台统一运营；全台自办及自有版权节目，其新媒体版权由山东网络广播电视台统一运营，统一对外签署合作协议；全台采购影视剧、节目版权时，根据实际需要综合考虑新媒体版权的捆绑洽谈；全台各频道通过短信和网络进行的报名、投票、竞猜等互动增值业务，由山东网络广播电视台统一运营管理；各频道、栏目手机客户端等互联网增值产品，由山东网络广播电视台统一开发。另一方面，积极推进专业化板块非时政内容的制播分离，完善激励机制，鼓励以互联网思维，融入新兴媒体基因，进行内容产品的策划、制作和推广；鼓励传统采编岗位人员向全媒体记者转型；鼓励探索符合融合媒体发展趋势的经营模式，充分利用社交媒体进行互动整合营销。

当然，现阶段，山东广播电视台无论是广播、电视，还是网站、手机台、IPTV，由于各自作业特点和惯性思维，还都习惯于在各自的领域内深耕细作，不同频道、部门、业态之间相互沟通并不通畅。在加强网台联动上，还有待对管理模式进行创新，对业务流程进行探索，媒体融合发展之路依然修远漫长，需要顺势而为，趁势而上，在做好传统广电业务的同时，积极拓展新媒体发展空间，推动新媒体业务提质升级，促进其与传统广电业务的同频共振，同时加强组织领导，推动理念创新，完善体制机制，加快管理体制、组织架构、产业模式转型，为广电全媒体运营打好基础、铺平道路。

（合作者：于英波、王伟杰　2014年7月）

传播和践行社会主义核心价值观是广播电视媒体的责任与担当

社会主义核心价值观是构筑我们共有精神家园的核心和基石。习近平总书记强调，把培育和弘扬社会主义核心价值观作为凝魂聚气、强基固本的基础工程。广播电视在社会主义核心价值观宣传中有着独特作用，是社会主义先进文化建设的重要阵地。近两年来，山东广播电视台立足自身实际和广电特色，围绕主题、深化内容、注重创新、贴近生活，积极探索传播和践行社会主义核心价值观的新路子，取得较好社会效果。

一、发挥广电优势，做社会主义核心价值观的宣传者

培育和践行社会主义核心价值观是知行合一的过程，社会大众的认知认同是前提，新闻媒体的宣传引导是关键。广播电视具有公信力强、覆盖面广、影响力大等特点，山东广播电视台目前拥有广播、电视、报纸、新媒体等多种传媒形态。其中16个广播电视频道覆盖全省；山东卫视面向全国，有效覆盖10亿人口；国际频道落地美国，以及东南亚的一些国家和地区。我们积极发挥广电媒体战线长、容量大、形态多、形象直观、感染力

强的优势，在社会主义核心价值观宣传中，精心策划，统一部署。一是注重做大宣传声势，扩大受众认知，力求使社会主义核心价值观家喻户晓，深入人心。我们把社会主义核心价值观宣传贯穿、结合、融入到全台所有广播电视频道新闻、专题报道中，组织主题宣传、特色报道，先后在《山东新闻联播》《山东新闻》《每日新闻》等10个主要新闻栏目中，开设宣传社会主义核心价值观专栏40多个，包括"节俭养德全民行动齐鲁行""凡人善举"等，密集播出相关报道1100多篇。二是把社会主义核心价值观与人民的日常生活联系起来，在落细、落小、落实上下功夫。广播经济、文艺、交通等频道推出《今日最美山东人》《发现城市之美》《有爱新青年》等板块，发稿500多篇，注重用讲故事的方法，切入百姓实际生活，观照普通人，倡导家庭和谐；电视齐鲁、公共、农科、生活等频道相继举办了"最美家庭"展播、"齐鲁公益盛典"等评选活动，制作播出了《孔子道德名言语录》《美德山东典型人物》等一批公益作品。三是注重示范引领，彰显榜样的力量。全国党员教育电视专栏《共产党员》和电视人物专题栏目《齐鲁先锋》侧重挖掘报道"为民务实清廉"典型人物，先后推出先进事迹报道70多个；电视齐鲁频道组织"山东十大好人"评选活动，总结推出一批在全省有重大影响的道德模范和先进典型。这些宣传报道着重引导人们牢牢把握核心价值观的基本内涵，传播展示当代中国价值观念，把增强全社会的价值判断力和道德责任感作为宣传教育的重要着力点，引导人们自觉做到常修善德、常怀善念、常做善举。

二、追求内容出新，做社会主义核心价值观的推动者

如今我们正处在各种思潮相互激荡，各种文化相互交融，各种观念相互碰撞的舆论新生态中，培育和践行社会主义核心价值观需要积极引导社会思潮，坚定人们的道路自信、理论自信和制度自信。广播电视等主流媒体应当找准舆论宣传的契合点，不断巩固壮大积极健康向上的主流思

想舆论，使社会主义核心价值观真正落地生根。一是要把社会主义核心价值观与"中国梦"等主题宣传结合起来，让社会主义核心价值观照进现实，增强宣传的感召力、感染力。我们相继推出了系列专题《中国梦 我的梦》，展现优良家风传承的电视栏目《中华家风》，倡导健康低碳生活方式的真人秀节目《节俭中国人》等，深入诠释当代中国人的共同理想和价值追求。二是要把社会主义核心价值观宣传与弘扬中华优秀传统文化结合起来，加强对优秀传统文化的挖掘和阐发。在2014年孔子文化节期间，山东卫视与中央电视台联合对祭孔活动进行全球直播；独家播出了新版大型电视连续剧《孔子》。我台还与曲阜市文物局联合拍摄了大型纪录片《孔府档案》，用影视手段把珍贵的孔府档案表现出来，深度挖掘儒家文化精髓；与德国巴伐利亚州广播电视台合作拍摄纪录片《今日孔子》，大力推动齐鲁文化走出去。三是要把社会主义核心价值观与新时期山东精神宣传结合起来，充分展示全省人民为梦想奋斗的新气象。新中国成立65周年之际，在省委宣传部大力支持下，我台积极创新形式，首次联合全省17市宣传部和广播电视台打造了大型电视文艺特别节目《共筑中国梦 齐鲁气象新》，记录齐鲁儿女在追梦征程上的坚实足迹，展示各地在培育和践行社会主义核心价值观过程中呈现的新风貌，将宣传活动推向了新高潮。围绕美德山东、文明山东、诚信山东建设，我们还推出了《山东好人》《寻找最美瞬间》《寻找诚信榜样》等节目和栏目，在大力培育和发扬新时期山东精神的同时，形成了有利于培育和践行社会主义核心价值观的生活场景和社会氛围。

三、强化精品出彩，做社会主义核心价值观的教化者

任何思想观念的存在、传承，都离不开有效的载体。培育和践行社会主义核心价值观，需要发挥精神文化产品潜移默化的作用，运用各类文化形式，生动具体地予以展现。广播电视声屏动人，内容丰富，最易于在

润物细无声中打动人、教化人。我们坚持以优秀传统文化为根基，把打造精品节目作为宣传弘扬社会主义核心价值观的生动载体，强化内容出彩出新，着力做强宣传阵势，推出一批兼具思想性和观赏性的精品力作，努力做到以文化人、以文育人，激发社会合力，促进社会和谐进步。山东卫视推出大型综艺节目《中国面孔》《天下第一刀》，通过全新视角展现优秀传统文化；推出大型真人秀节目《我要去航海》，弘扬探索精神，树立时代新风；由山东卫视出品，在全国四家卫视同步热播的大型电视连续剧《红高粱》，坚持以人民为中心，注重展示传统文化，弘扬民族精神，取得了高收视和好口碑，网络点击量累计超过36亿次，版权售卖到9个国家，成为一部"现象级电视剧"。目前我们正在拍摄和播出的一些电视剧，也是立足山东故事、中国气派、民族风格，注重国际影响，发挥精品力作在弘扬社会主义核心价值观方面的独特作用。根据我省著名作家郭澄清同名小说改编的抗战电视剧《大刀记》，重温红色经典，弘扬民族精神，是国内第一部反映冀鲁边区抗战情况的史诗作品。电视剧《石敢当之雄峙天东》，深入挖掘泰山意象，弘扬传统文化。在日照市委、市政府合作支持下，电视剧《渔岛怒潮》已经拍摄杀青。我们还发挥电视纪录片专题片优势，为社会主义核心价值观宣传增色助力。先后制作了反映山东人海外创业的电视纪录片《山东人的非洲故事》，反映朱彦夫先进事迹的专题片和微电影，反映甲午海战的历史纪录片《定远归来》，弘扬"两弹一星"精神的专题片《代号221——原子城往事》。与山东省档案局联合主办大型纪实类栏目《山东往事》，依托权威的、丰富的档案资料，还原历史真相。以上作品都取得了非常好的宣传效果。

四、创新网络宣传，做社会主义核心价值观的引领者

当前，以互联网为代表的新兴媒体迅猛发展，正以惊人的速度和广度影响着经济生活，深刻改变着舆论生态和传播格局。习近平总书记强调，

要把网上舆论工作作为宣传思想工作的重中之重来抓。要善于运用网络传播，改进创新网络宣传，发展健康向上的网络文化，理直气壮地唱响网上主旋律。近几年来，山东广播电视台一方面致力于新媒体建设，加快媒体融合步伐，创立开办了山东网络广播电视台，成为全国首批7个获准开办的省份之一，形成了齐鲁网、IPTV、互联网电视、手机台、地面数字电视、新媒体研究院、广电金卡等多个业务板块齐头并进的新媒体发展新格局。另一方面，我们发挥新媒体容量大、互动性强的优势，积极创新网络宣传，实现台网联动、共振共鸣，扩大社会主义核心价值观在网络空间的影响力。在齐鲁网开设专题网页，以文字、图片、视频、微博、微信等形式扩大社会主义核心价值观宣传，部分稿件点击量达30多万，并被新浪、腾讯等多家媒体转载。同时在网站首页显著位置通过广告位、文字链等多种形式集成最新新闻报道、理论文章、系列评论等，累计发稿1200多篇，其中原创400多篇，在网民中获得强烈反响。组织开展"网络媒体孔子故里行""浪费现象随手拍"等活动，发布的原创评论文章被人民网等中央和地方媒体广泛转载。我们利用齐鲁网"理论频道"学习互动平台，组织开展省内知名"理论专家下基层"活动，采取网上讲解、线下解惑的形式，使核心价值观宣传贴近群众，入耳入心。山东网络广播电视台策划推出了"孔子频道"，于2014年9月正式上线，以专题、动漫、影视等形式，通过"三屏融合"进行立体传播，在潜移默化中达到正面宣传和价值引领的目的，使社会主义核心价值观的传播无时不在、无处不有。

五、狠抓队伍建设，做社会主义核心价值观的践行者

社会主义核心价值观是具有普遍指导意义的基本价值观念，不同的职业有各自的职业要求和特点，只有结合广电实际将社会主义核心价值观具体化，才能对培育和践行社会主义核心价值观起到积极的促进作用。近两年来，我们把培育和践行社会主义核心价值观与提升干部队伍素质结合起

来，通过多种形式把核心价值观落实到具体工作要求中，形成正确政策导向和良好环境。一是加强对员工教育培训。利用台内报刊刊登文章、办公场所张贴宣传画建立宣传牌、组织员工座谈会等形式，宣传社会主义核心价值观12个主题词24个字，让员工人人熟知并掌握社会主义核心价值观的基本内涵和要求。二是加强制度建设。修订员工手册，规范员工言行，成立新闻职业道德委员会，严查以稿谋私、新闻敲诈、虚假新闻等行为；结合落实中央八项规定精神，细化宣传管理、广告管理、财务管理、行政管理等规章制度，用制度推进"走基层、转作风、改文风"活动，治理工作中的"庸懒散"现象。三是组织专题活动。先后组织开展了"十大爱岗敬业标兵"评选，争做齐鲁先锋和优秀基层党组织活动，强化"讲政治、有担当、重情义、求创新"的媒体文化建设。邀请青海原子城（海北）"两弹一星"精神宣讲团来台进行主题宣讲，号召员工学习"两弹一星"精神，激发干事创业热情，在全台形成了"讲学习、树正气、促改革、强管理、比业务、创一流"的浓厚氛围，为宣传好社会主义核心价值观提供了有力精神支撑和理论支持。

核心价值观是文化软实力的灵魂，承载着一个民族和国家的精神追求。前不久，习近平总书记在对山东工作批示中，要求"着力建设社会主义核心价值体系，用好齐鲁文化资源丰富的优势，加强对中华优秀传统文化的挖掘阐发，为做好改革发展稳定各项工作提供强大精神力量"。作为山东省重要主流舆论阵地，山东广播电视台今后将紧紧围绕"三个倡导"，进一步提高创新创意水平，利用齐鲁文化资源优势，通过舆论宣传、教育引导、文化熏陶和实践养成等形式，传播真善美，鞭挞假恶丑，最大限度地唱响正气歌，使社会主义核心价值观内化为人们的精神追求，外化为自觉行动，为不断夯实中国特色社会主义的思想道德基础做出新的更大贡献。

（合作者：李健、王伟杰　2015年1月）

试论广播频道的专业化和风格化

近十几年来，我国内地广播与时俱进，不断加快改革发展。当新世纪的钟声敲响之后，伴随着网络技术的发展，数字技术的应用，广播从内容到形式进入了新的自我调整和发展时期，广播媒体普遍实行频道专业化运作，越来越注重增强内容的专业性，以吸引特定收听群体；不断以多样化、复合化的节目形态，提升着大众的审美情趣。这种对广播频道的专业化和风格化的孜孜以求，凸现着中国广播未来发展的主流，预示着中国广播进入新的广播文化创建时代。本文力图对国内广播频道的专业化和风格化的现状进行分析和评估，并就广播频道专业化和风格化初始阶段该如何强化运作做进一步探讨。

一、频道的专业化和风格化的含义及相互关系

频道专业化，是在现有广播频道资源的条件下，以整个频道为单位进行定位划分，从而使其节目内容能较集中地反映某些特定领域和受众的需求。专业化频道应具备的基本特征应是：频道节目内容的定位专一，目标听众对象的分众化。

频道的风格化是指频道内容在实现了专业化基础上所形成的内在、稳

定的传播形态与传播特质，它是频道的传播内容与传播形式结合而成的一种稳定而内在的特点，包括频道总体的文化风格及相应的形象定位。从两者的关系看，频道的专业化侧重解决的是"传播什么"的问题，频道的风格化主要集中在"怎样传播"上。专业化是风格化的基础，风格化是专业化的最终追求。专业化是频道的内核，风格化是频道的外貌。

频道的专业化适应了广播听众市场的细分化、分众化的发展，满足了节目、频道间的竞争需求。而频道的风格化是广播市场更高层次竞争需要的产物。因为频道的专业化并不意味着频道的专一化、专有化，在这一层次上还有同类专业频道间的竞争问题。频道的专业化解决的是节目制作内容分工的问题，并未解决频道间的差异性或特色性问题，只有风格化才满足专业性基础上的差异性或特色性问题。频道的专业化和风格化，都是广播业发展到一定阶段的必然产物。在广播电视的产业化和市场化进程中，专业化和风格化更凸显出了重要意义。

二、频道专业化和风格化的现状及问题

从国内广播业的发展来看，频道专业化已成为广播媒体改革与调整的自觉行动，专业化频道或专业化频道的雏形已大量涌现，形成了新闻、经济、文艺、音乐、生活、交通、体育、戏曲、金融等专业频道的格局。在各系列频道中，新闻频道占据主导地位，其他频道也平衡发展，都有着极强的社会公益性。这是我国国内广播媒体频道专业化的共性特色，反映着广播媒体的体制要求和广播人的社会使命感。但是，频道专业化在具体运作实践中还存在大量问题。这主要表现在：

1. 听众针对性不强，专业化程度不高

专业频道要求有更加精确的听众定位，但是目前听众定位普遍宽泛，频道专业化程度普遍不高。以文艺频道为例，音乐、戏曲、曲艺、文学、广播影视剧，几乎无所不包，依然是综合台的建构，难以充分满足特定群

体的旺盛需求。还有许多所谓的"专业频道"往往名不副实。例如，有的教育频道搞股市行情，交通频道搞服装秀，经济频道组织歌手大赛等等，不一而足。

2. 专业人才不足，节目水平不高

从专业频道自身来看，普遍缺乏精于专长，又熟悉广播规律的专业骨干。反映在专业频道的节目上，有的是外行凑热闹，净说外行话，有的是专业性太强，曲高和寡。这都无法吸引听众，提高收听率。

3. 管理体制陈旧，"穿新鞋，走老路"

多数专业频道由综合台的各部门扩展而来，计划体制和行政事业单位的管理制度下所形成的运行机制和意识观念还没有真正转变，存在着职能设置不合理、人员能进不能出、开拓和竞争意识不强、效率和市场观念落后、缺乏有效的创新和激励机制等问题，在实施过程中产生很多摩擦和矛盾。这些内耗不解决，最终会使频道专业化失去优势，重回效率低下、僵死不活的老路。

目前，国内广播媒体频道专业化还很不成熟，频道风格化更是欠缺。许多频道有着专业化内容，但缺乏与之相适应的频道风格。由于受国内广播节目发展的现实基础的制约，节目时间表的设计和具体节目的运作，普遍存在惊人的相似和"克隆"现象，缺少地域特色；单个节目的创建和培育上也没有规划，自我发展，自生自灭；忽视整体频道的布局和包装，难以形成整体的听觉冲击力、久远的韵味和巨大的联想空间，缺少自己鲜明传播特质的频道风格。

造成这种现状的主要原因在于：

首先，国内广播媒体脆弱的广告市场和巨大的生存压力，决定了当前广播节目的发展重点是在对广播功能的开发上，缺乏对自身风格与特色的追求动力。

其次，由于广播的地域性较强，频道间还没有形成激烈的竞争态势，

还没有形成同一领域的专业频道间的竞争格局，使得频道风格化的急迫性并不突出。但是，随着国内广播市场和资源的重新整合，伴随着中国广播业日益面对的全球背景，广播频道要在市场竞争中处于强势地位，必须依赖频道的风格化。

三、频道专业化发展的着力点

与世界广播的发展相比，国内广播的频道专业化探索刚刚起步。未来将会在频道彻底实现专业化之后，带来不同地域间广播频道的融合，进而发展为媒体资本的融合与集中，出现跨地区经营的广播网。在当前广播频道专业化初始阶段，发展着力点应集中在以下几个方面：

1. 对目标听众进行准确定位，对专业频道进行更专业分工

从市场的角度看，专业广播频道就像一件定位明确的商品，为特定消费者群体设计制作，能否找准最大目标听众群是频道专业化经营的关键。美国广播电台都有较清晰的听众定位，甚至涉及性别、年龄、职业、爱好等方面。因此，频道专业化分工很精细。例如，美国音乐台就分为老歌台、摇滚台、现代音乐台、金曲40台、乡村台、轻音乐台、爵士台等30多种。金曲40台的听众多为12~18岁的青少年，摇滚台以18~24岁听众为主，轻音乐台比较关注中青年妇女的口味。当然，我国国内的广播频道专业化之路不可能照搬美国的做法，应该以大众的兴趣为依据来设立专业频道，抓住大多数听众的兴奋点，把原来大杂烩式的频道按某个标准重新组合，变成一道道精致的小菜，奉献给听众。

2. 大力提高专业频道社会化经营程度

有特色、可听性高、针对性强的专业化频道需要高水平的节目策划和制作人员，而我们长期以来形成的采编播一条龙、"前店后厂"、自产自销式的运行模式已经不适合频道专业化的发展。这就需要广播媒体除了加快专业人才的培养和储备，同时应该实行制播分离，充分利用社会制作机构

的力量，"采天下之精华"。目前，欧美国家广播界普遍实行制播分离的方式，节目多由专业制作机构进行生产，通过节目分销商进行销售，将节目播出权卖给不同的电台，电台主要负责筛选和播出。这样专业频道可以更专注于听众的研究、播出计划、节目结构、市场开发等方面，大力提高专业化程度，也保证人员的精简和运营结构的简化。

3. 打造品牌栏目，支撑专业化频道

专业化频道的终极目标是生产和传播高质量的节目。没有好的节目，专业化频道就成了无源之水，无本之木。只有品牌节目，才能塑造独特的专业化频道。品牌节目是一个专业频道竞争力、吸引力、亲和力、信任度的具体体现，听众往往会因一个品牌节目而锁住这个专业频道。

专业化频道的节目应该有四个基本标准。首先是"准"，节目的定位应该相当准确；其次是"新"，包括节目的内容和形式要新；第三是"精"，在节目生产日益大工业化的今天，需要对节目精心加工；第四是"深"，节目内容的处理要专业而深刻，观点要成熟而服人。因此，品牌节目的打造必须专业化运作。

首先，采用相对科学的手段进行前期的市场调查。品牌节目只能针对特定听众，不能贪大求全，节目的定位应充分考虑到听众的年龄、职业、性别、地域文化、经济收入、教育程度等因素，了解和尊重听众的需求，准确理解他们的收听期待，从而决定节目的内容、形式、艺术标准、技术标准和经济投放量。现在的节目制作方式往往是根据资金去做节目，而不是根据市场去找资金，这样常常导致重复建设和资源的浪费。因此，在节目设计时一定要考虑品牌节目的市场定位，实现有效资源的优化配置，使品牌节目能够获得较好的广告收益，确保品牌节目的长久生命力。

其次，品牌节目在运作过程中还有一个维护问题，这就要处理好变与不变的关系。一方面是节目形态和内容的变与不变，另一方面是从业人员的变与不变。在节目形态和内容方面，一般来说节目的形态，如节目名称、节奏、主持人和背景音乐等应保持相对稳定，但节目理念和选题要随时代变化而变化，必要时还可以改版，品牌却要保持相对稳定。创作人员虽然多数在幕后，也应该相对固定，以便保持节目有相对稳定的艺术风格和技术水准。当然，品牌节目也应适时引进新人，新人没有框框，更容易促进节目的创新。

处理好变与不变的关系，取决于三个原则：要看品牌节目是否还能推出有深度有见地的原创选题，发挥其传播信息、交流思想、积累文化的作用；是否与时代同步，以深刻新颖的思想火花引起听众的情感共鸣；是否在节目上有独特性，有独特节目题材、独特的视角、独特的表现形式和独特的管理运作。

品牌节目是一个专业化频道成功的标志。品牌节目不仅创造了自身价值，还会通过社会宣传和开发实现增值，不断为专业频道创造附加值。离开了品牌节目，专业频道是注定要失败的。

四、频道风格化建设从何处入手

从未来的趋势看，一个成熟、规范的专业频道的形成与发展，不仅需要频道在传播内容上进行专业化开拓，还需要形成独特的频道传播风格。只有将两者结合起来，才能共同支撑起一个真正的专业化频道。当前在实际工作中，广播媒体的频道风格化建设应从以下三个方面入手。

1. 注重品牌节目的风格化建设，实现节目的整体化和标准化

一个品牌节目，应该有明显的地域特色。节目内容的编排和主持风格应该符合当地收听群体的收听习惯，并通过对地域文化的发掘与听众产生情感的共鸣、思想的交流。尤其是节目主持人对于品牌节目的风格化塑造起着关键性作用。主持人是一个品牌节目的人格化身，除了应具备主持人基本的素质外，最主要的要与节目的风格相适应。目前我们的主持人机制过多重视普通话的字正腔圆，重视表达，不重视经验，更不重视个

性特长，大量存在风格雷同、缺乏个性的现象。因此，选准节目主持人并给其充分发挥的自由空间，对于品牌节目的风格化建设十分重要。同时，品牌节目的主创人员必须形成统一的节目生产模式，形成稳定的制作标准和艺术风格。标准化是确定品牌节目信任度的重要保证，而目前我们的许多品牌节目创作和制作水平很不稳定，节目质量常常因人因时而异，参差不齐。再加上我们的品牌节目生产依然是小农经济式的"承包"方式，投入不足，让采编一线人员自己创收维持日常运作，节目制作只能是零敲碎打，没有明确的内部分工，也没有固定的节目制作标准，自然无法保证节目的长久质量和风格的形成，无法与听众建立接受的契约关系，无法产生应有的社会效果。

2. 注重品牌节目和一般节目的链接，靠精心包装营造整体风韵

一个频道由十几个甚至几十个单元节目组成，品牌节目之外大量存在的是一般节目。在节目与节目的链接点上，应该按照统一的理念和风格予以精心包装，浓墨重彩，形成强烈的听觉冲击。这不仅会弥补一般节目内容对频道形象的伤害，还会营造频道整体和谐的风格，易于形成鲜明的传播特质，吸引听众"乐不思蜀"。

3. 频道的风格化建设应当全面导入CI

CI是企业形象识别战略。它运用统一的设计和传播，传达企业特有的经营理念，从而提升统一化的企业形象，使企业形成内在独特的个性，增强社会知名度和美誉度，最终增强企业的整体竞争力。运用CI战略，对树立频道形象、锻造频道风格有十分重要的意义。

CI理论认为，组织形象由理念识别、行为识别、视觉识别组成。因此，频道风格化建设应从这三方面入手。

首先，应强化频道的理念形象。企业理念是CI策划中一个重要因素，是企业的宗旨、灵魂，是企业生存的原动力，主要成分有事业领域、经营领域、企业文化等。在广播媒体中，每个频道都有不同的办台宗旨、办台

方针，每个阶段还有不同的目标追求。在日常节目中或社会活动中，通过节目、版花、广告等形式，适时向听众传播这些信息，能迅速加深公众对频道的整体感觉、印象和认知，提升频道在公众中的形象。信息内容的设计和社会活动的推广，应突出频道的文化特色，渗透频道的文化精神，传递频道的信念和价值观，从而满足听众"注意—兴趣—欲望—记忆—行动"的心理过程，在听众的心中留下深刻的印象。

其次，要在社会活动中展示行为形象。社会活动是广播媒体行为识别的最好方式，它是一个综合的对外行动，能全方位展示一个频道的行为能力和综合形象。社会活动是一个创造的过程，它的题材选择、活动创意体现一个频道的活跃程度和创新能力；社会活动是一个管理的过程，它的活动档次、组织工作体现一个频道的决策水平和指挥能力；社会活动是一个协作过程，它的配合水平、严谨程度体现着一个频道的队伍素质和团队精神；社会活动是一个经营过程，它的推销策略、经济效益反映着一个频道的经营开拓能力，直接反映着广告客户对电台形象的信心。社会活动还是个公关过程，只有做好管理部门的公关，才能取得活动的合法权利；做好媒体公关，才能有成功的宣传推广；做好公众公关，才能取得支持和参与；做好演出公关，才能保证演出质量；做好公安的公关，才能保障活动安全；做好场地公关，才能取得活动各环节的配合。

第三，要在日常工作中和社会活动中树立视觉形象。心理科学认为，人类接受的信息总合中，由视觉器官获得的占83%。视觉设计最能传达企业的理念，是树立企业形象，提升企业知名度效果最强烈的一种方式。专业频道推行视觉识别，恰恰弥补广播视觉的不足，使之成为"看得见的广播"。视觉识别的具体设计，就是在频道办公、社会活动的场所设立反映频道统一理念的内容；交通工具印上标志和名称；印制主题统一、情理交融、简洁美观、艺术性强的宣传资料；工作人员统一的服装和挎包，也会成为形象的"景观"。

实施CI战略，是提升专业频道形象和传播特质的有效手段。目前，国内许多广播媒体正积极运用CI战略对频道进行包装和推广，但依然是粗浅的和不系统的。相信随着频道专业化建设的不断推进，频道风格化建设会有较大改观。

频道的专业化和风格化建设是个系统工程，在具体运作中还有很多问题需要探讨，许多新的做法会出现。随着时代发展，国内广播媒体的频道专业化和风格化一定会出现百花齐放、争奇斗艳的新局面。

参考文献

胡正荣. 传播学总论. 北京: 北京广播学院出版社，2001.

胡正荣. 广播电视节目创新战略分析. 山东广播，2002（1）.

毛小静. 广播节目的品牌研究. 山东视听，2002（1）.

黄耀华. 频道专业化：电视求新之路. 南方电视学刊，2002（3）.

黄耀华. 中美广播专业化比较. 山东视听，2002（1）.

（2003年2月）

广播传媒品牌开发策略研究

一、导论

（一）选题背景及意义

从20世纪80年代中期开始，随着改革开放的不断深入，我国的新闻改革开始启动。报纸、广播电视等主要新闻机构逐步经历了从垄断型事业单位运行机制逐步向竞争型市场机制的转变。新闻机构其传播意义上的社会属性、产业意义上的市场属性逐渐得到确立。新闻传媒既要承担党和人民的"喉舌"功能，又要获得广告收益来维系媒体自身的生存与发展，其内部管理机制和运营理念开始发生变化，从过去运作和经营单一产品向经营产品线和产品群转变。报纸表现为子报的创建和版面的扩大，广播电视表现为由一台一频道转变为一台多个系列频道。改革开放的不断深入，促进了人民群众现代生活方式的深刻变化，信息接收方式也发生改变。在急剧变革的时代背景下，广播这一传统媒体顺应时代发展和社会需求，发挥自身独特优势，积极吸收利用高新技术，不断创新内容和传播手段，迎来新的发展春天。主要表现为广播频道快速增加；中央台与地方台的节目交相覆盖；广播节目日益丰富；广播这一传统媒体摆脱以往受电视冲击，受众分流、影响弱化的不利局面，主流人群听众大量回归；广播传媒收听率和影响力不断上升，广播成为一个庞大的信息和服务的超级市场，听众拥有了充分的选择性，广播广告市场日益扩大。

但是，广播业快速发展的背后，也导致一些区域内广播频道过剩、传播内容同质化、供求失衡、听众急剧分流、广播传媒竞争日趋激烈等问题的产生。广播传媒进入一个竞争时代。

广播的竞争从两个层面展开。第一个层面是指广播作为电子传媒与其他大众传媒的竞争，包括与电视、报纸、杂志、互联网的竞争；第二个层面是广播业内部的竞争，广播电台之间、频道之间、节目之间的竞争。由于传播方式相近，高新技术广泛使用，内容的地域性相同，第二个层次的竞争相对而言更为激烈。竞争表现为对收听人群和收听率的争夺，而实际上收听人群和收听率的竞争就是广告额的竞争，就是媒体运营经济总量和商业利润的竞争。广播传媒一直以来作为党和人民的"喉舌"，传达政令、信息服务、教育人民、娱乐大众是其主要功能和任务。社会效益与经济效益的双重要求使得任何一家广播传媒都必须面对激烈的竞争，为自身的发展和壮大，需要全面不断地创新。因此，为企业津津乐道和实际运用的许多产业经营理念被引入广播传媒经营当中来，品牌战略便是其一。

近几年来，品牌建设一直是广播传媒从业人员议论和探讨的重要话题，一些广播电台或频道主动进行这方面的探索，部分广播工作者也从工作实践中总结形成一些理论文章。但是由于我国广播电视媒体品牌建设与发展等相关理论研究刚刚起步，尚没有比较成熟的管理模式和理论成果[1]；国内媒体品牌建设仍处在将一般性品牌运营规律"移植"到媒体专业管理的阶段，还有很大探索空间；专业研究机构和专家学者大都对电视研究趋之若鹜，轻视对广播传媒运行管理的专门研究，使得目前广播传媒品牌建设和发展缺乏系统研究和理论高度，存在概念模糊、认识不清甚至认知偏差等问题。工作实践缺乏理论指导不可能走得更顺、更远，特别是在数字技术高速发展并广泛应用，3G（第三代移动通信技术）时代已经到来，广播电视媒体融合成为国内媒体发展的大趋势下，加强对广播传媒品牌开发策略的专业研究十分迫切和必要。

广播传媒品牌发展策略是品牌经营管理基本理论具体化的表现，是不可或缺的一个组成部分。本人从事广播传媒工作20余年，又曾在省级广播传媒多个宣传岗位从事管理工作，有较多的工作经历和感受，通过对经营管理理论的系统掌握，结合工作实践，将从广播传媒品牌开发策略入手，对广播传媒品牌定位、品牌推广、品牌维护、品牌延伸、品牌营销等方面进行梳理和总结，提出广播传媒品牌开发策略的优化设计，以期为我国广播传媒品牌建设研究和实践提供参考。

（二）本文研究路线

本文将通过理论研究和实例研究相结合进行分析探讨。先从品牌相关理论研究成果及当前广播传媒对品牌的认知入手，对品牌的概念与内涵、传媒品牌的特殊性及经营理念进行理论梳理；介绍广播传媒的特点和品牌建设的必要性，以及在当前竞争环境下，广播电视融合等新情况下的发展机会和发展趋势；在考察当前广播传媒经营现状、发展特点及趋势的基础上，从品牌的构建与营运、创新与维护、策略管理三个方面就传媒品牌经营提出具体的策略。文章最后以山东人民广播电台文艺频道实施品牌策略的成功个案为典型进行实例研究，并对其品牌节目及经营状况进行全面分析，总结出一些基本经验。论文逻辑结构如图1所示。

选题背景及意义

研究广播传媒品牌开发策略

梳理品牌理论研究成果

分析广播媒体运作机制

| 品牌研究理论 | 品牌管理思想 | 媒体品牌理论 |

广播传媒行业特点 → 广播传媒发展历程 → 我国广播传媒运作机制变革 →

变革动因
变革历程
竞争环境
发展趋势

广播传媒品牌的创建

广播传媒品牌特征

注意力目标　忠诚度体现　个性化表达

广播传媒品牌构成

品牌节目 → 品牌主持人 → 品牌频道

广播传媒品牌塑造

品牌塑造路径　品牌塑造策略

广播传媒品牌营销

营销策略 → 营销重点 → 营销路径 → 效益评测

品牌发展　品牌加强　品牌延伸　品牌活化　品牌撤退

提高忠诚度　强化包装　提升影响力

整合营销

社会效益　经济效益

山东人民广播电台文艺频道实例研究

结束语

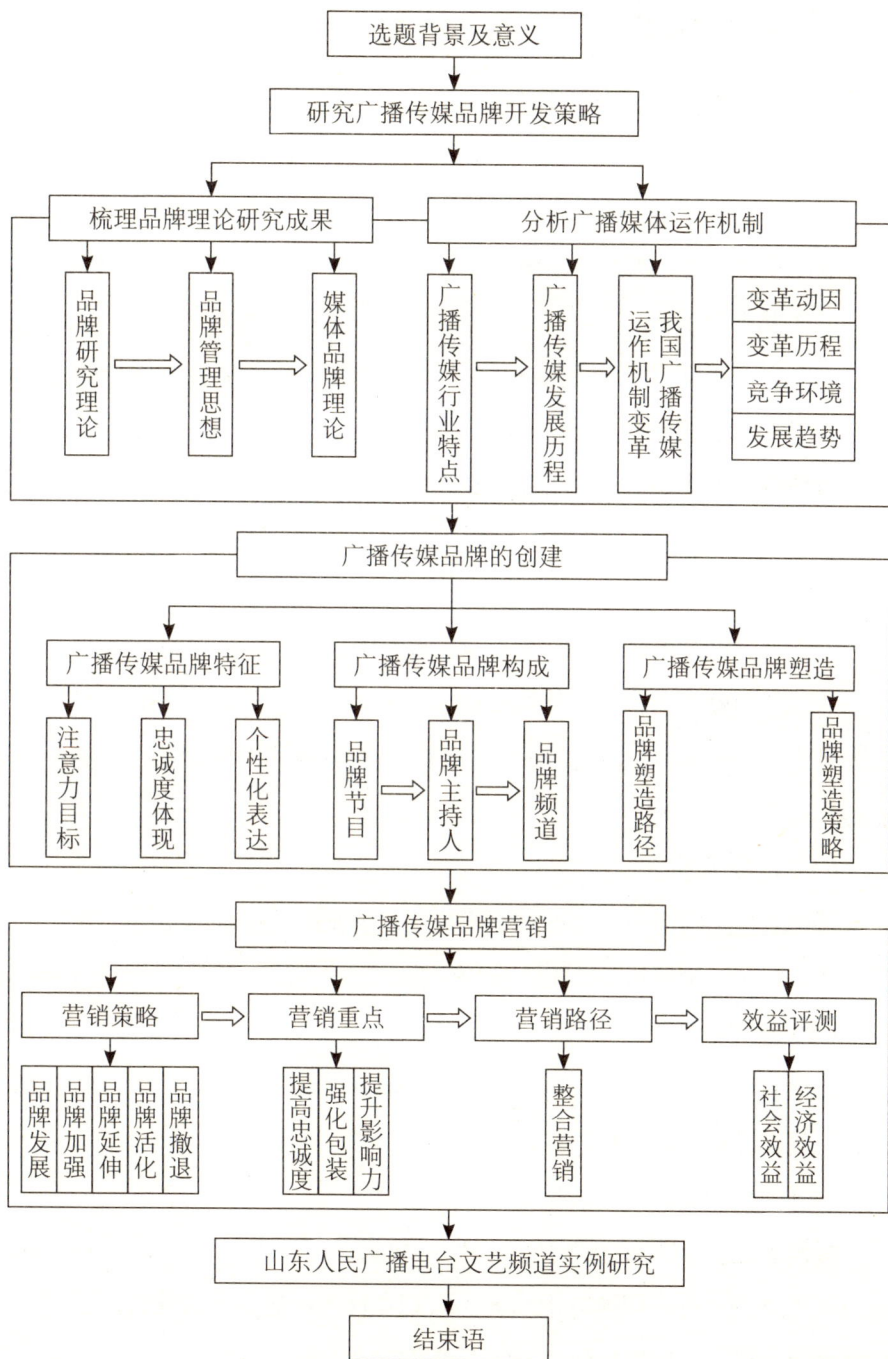

图1　论文逻辑结构图

二、相关理论综述

（一）品牌理论研究成果综述

1.品牌的定义

"品牌是商品经济发展到一定阶段的产物。"[2]截至目前，理论界给品牌下过多种定义。本人根据相关资料整理出以下多种品牌定义和种类：

（1）品牌区别论

提出者为国际营销界权威机构——美国市场营销学会。所给的定义为："品牌是一种名称、术语、标记、符号或设计，或是它们的组合运用。其目的是借以辨认某个销售者或某群销售者的产品及服务，并使之与竞争对手的产品和服务区别开来。"[3]

（2）品牌形象论

提出者为世界著名广告大师大卫·奥格威。所给的定义为："品牌是一种错综复杂的象征。它是产品的属性、名称、包装、价格、历史、声誉、广告风格的无形组合。品牌同时也因消费者对其使用的印象及自身的经验而有所界定。"[4]

（3）品牌关系论

提出者是美国汤姆·邓肯和桑德拉·莫里亚迪。所给定义是："真正的品牌其实存在于关系利益人的内心和想法中。"[5]

（4）品牌结构论

提出者为米尔顿·科特勒。所给定义是，品牌至少有六个方面：属性、利益、价值、文化、个性、用户。[6]

（5）品牌行为论

提出者是美国行销科学学会。所给定义为，品牌资产就是品牌的顾客、渠道成员、母公司等对于品牌的联想和行为。这些行为使得产品可以获得比没有利润、品牌名称的条件下更多的销售额。[7]

（6）品牌利益论

提出者为琼斯。所给定义为，品牌是能够给顾客提供其认为能增值的购买的功能利益及其附加利益的产品。[8]

（7）品牌感知论

提出者为哈金森和柯金。所给定义为，品牌是视觉、印象和效果、可感知性、市场定位、附加价值、形象、个性化7个方面的综合。[9]

（8）品牌传播论

提出者为中国学者余明阳。所给定义为："品牌就是在营销或传播过程中形成的，可以将产品与消费者等关系利益团体联系起来，并带来新价值的一种媒介。"[10]

以上各种定义反映了人们对品牌的不同理解。目前理论界大多认为品牌一词来源于古斯堪的纳维亚语"brandr"，意思是"打上烙印"，它是牲畜所有者用以识别他们动物的工具。当时，西方游牧部落在马背上打上烙印，用来区分各自属于不同的主人。可见品牌最初是表明生产者的标志，并无现代营销的含义。随着社会经济的不断发展，最初的理论又借鉴广告学、销售学、传播学、公共关系学、消费心理学、经济学等其他学科理论成果，人们的认知不断提高和升华，品牌这个概念才逐步深入人心，引发了学术界和业界对品牌及其竞争优势的探求。历经上百年的延续和发展，如今品牌理念已经深入人心，品牌传播成为世界市场制胜的关键。世界市场上的竞争更多地体现在跨国公司及其所拥有的品牌之间的竞争。据联合国有关统计，全球跨国公司已发展到了3.9万家，海外分支机构27万个。这些跨国公司控制着世界80%的技术专利，70%的投资，60%的贸易。跨国公司的来源国相对集中在发达国家，世界上最大的100家跨国公司，数量的70%、资产的80%集中在欧美和日本。跨国公司不仅本身就是品牌，如可口可乐、通用汽车、IBM、宝洁、迪斯尼、索尼，而且它们还分别拥有一个品牌群。如宝洁公司拥有100多个品牌；通用汽车拥有"雪佛兰""凯迪拉克""别克""欧宝"等多种品牌；可口可乐公司不仅拥有"可口可乐"，还有"雪碧""芬达"等品牌。跨国公司之间的品牌竞争风云，几乎燃遍了世界市场的每个角落。

2. 品牌的作用

品牌是能够给拥有者带来溢价、增值的一种无形资产；品牌是市场竞争的工具；品牌是满足消费者的质量水平的标志；品牌是消费者识别产品来源，减少搜寻成本的质量信号；品牌是一种象征性手段，具有一定的风险性和不确定性。品牌对于消费者和企业都有非常重要的作用。

（1）品牌对于企业的作用

① 存储功能。品牌可以帮助企业存储商誉、形象。品牌就是一个创造、存储、再创造、再存储的经营过程。

② 维权功能。通过注册专利和商标，品牌可以受到法律的保护，防止他人损害品牌的声誉或非法盗用品牌。

③ 增值功能。品牌是企业的一种无形资产，它所包含的价值、个性、品质等特征都能给产品带来重要的价值。即使同样的产品，贴上不同的品牌标识，也会产生悬殊的价格。

④ 形象塑造功能。品牌是企业塑造形象、知名度和美誉度的基石，在产品同质化的今天，为企业和产品赋予个性、文化等许多特殊的意义。

⑤ 降低成本功能。平均而言，赢得一个新客户所花的成本是保持一个既有客户成本的6倍，品牌则可以通过与顾客建立品牌偏好，有效降低宣传和新产品开发的成本。

（2）品牌对于消费者的作用

① 识别功能。品牌可以帮助消费者辨认品牌的制造商、产地等基本要素，从而区别于同类产品。

② 导购功能。品牌可以帮助消费者迅速找到所需要的产品，从而减少搜寻过程中花费的时间和精力。

③ 降低购买风险功能。消费者希望买到称心如意的产品，同时希望能得到周围人的认同。选择信誉好的品牌，则可以帮助降低精神风险和金钱风险。

④ 契约功能。品牌是为消费者提供稳定优质产品和服务的保障，消费者则用长期忠诚的购买回报制造商，双方最终通过品牌形成一种相互信任的契约关系。

⑤ 个性展现功能。品牌经过多年的发展，能积累独特的个性和丰富的内涵，消费者可以通过购买与自己个性气质相吻合的品牌来展现自我。[11]

3. 品牌的管理思想

目前多数品牌研究都围绕品牌管理进行，品牌管理思想成为品牌理论研究的主要内容，并指导企业品牌运营。

大卫·艾克认为，为了在众多品牌当中形成一种关系清晰、相互协同、相互平衡的局面，需要建立一种品牌构架来组织协调和明晰品牌之间的关系。一是建立品牌关系谱，明确各种产品在市场上的品牌定位；二是建立品牌框架，具体规定各品牌的作用，界定品牌之间和不同产品市场背景之间的关系。[12]

萨姆·希尔和莱德勒从不同顾客期望角度来审视品牌组合的三维模式，认知品牌的所有构成要素和互动关系，即品牌组合分子（BPM）。他提出一个良好的品牌组合分子模型，能将创造和毁坏品牌价值的可能性、更大的收益机会、未来的风险都表现出来。营销者可以用8种工具来管理品牌组合：品牌延伸、品牌重新定位、品牌修剪、品牌覆盖、品牌联合、品牌合并、品牌分割、品牌度量。[13]

（二）媒体品牌理论研究成果综述

1. 媒体品牌理论主要观点

现代化的大众传播媒体，除了为大众传播政治的、社会的、文化的信息以外，人们还可以借助这种工具指导经济活动，参与社会生产，促进生产力的发展。如今，媒体既具有政治属性又具有产业属性，既具有喉舌功能又具有产业功能的"二元理论"已经深入人心，以媒体传播或主导而催生的媒体经济成为21世纪我国经济体系中重要的产业。[14]

媒体产业的经营必然要遵循企业发展的一般规律。国内媒体对品牌发展的重要性认识在逐步提高，媒体品牌理论发展步伐逐步加快。

武汉大学新闻与传播学院院长罗以澄教授认为：传媒传播业务的经营，取决于优质传媒形象的树立。搞好品牌建设，实施品牌战略，才能在同类传媒品牌竞争中占据优势。

美国资深新闻人、《今日美国》记者凯文·曼尼在其著作《大媒体潮》中预测：21世纪的媒介品牌将成为激烈战场，无论是同类传媒品牌之间的市场争夺，还是新兴传媒品牌对传统品牌的资源侵占，都会令传媒市场更不平静，媒介市场竞争已逐渐成为品牌的较量。品牌是现代传媒面临国际化竞争时应该"珍视、重点培育、重点保护的国宝"。以品牌来建立媒介产品在市场上的地位，树立媒介形象，是十分有效的媒介竞争手段，也是媒介市场战略的重要组成部分。

暨南大学新闻与传播学院院长范以锦认为：办媒体一定要创品牌。有了良好的媒体品牌，才有读者忠诚度，才能够有强大的公信力和影响力。强大的品牌是读者和广告客户心目中良好的品质保证。

北京大学新闻与传播学院副院长陈刚认为：当前中国传媒生存环境竞争激烈而残酷，其结果是更多的媒体在竞争中不断被挤压到边缘，而为数不多的品牌媒体以其品质和实力，市场份额持续增大，最重要的是在受众心中的品牌形象更加清晰和稳固。[15]

2. 广播电视媒体品牌的内涵

薛可、余明阳对"媒体品牌"做了如下界定："媒体品牌是能给拥有者和受众带来溢价、产生增值的一种无形资产，它的载体是和其他竞争媒体相区分的名称、术语、象征、记号或设计及其组合，增值的源泉来自于消费者心智中形成的关于其载体的印象。"[16]"广播电视媒体品牌"则是"广播电视+品牌"。"品牌"是核心词，规定了概念的基本特征；"广播电视媒体"主要做限定范围、规定研究对象之用。根据以上界定，我们可以对广播电视品牌内涵做以下定义：广播电视媒体品牌是在广播电视传播或营销过程中形成的一个有关品牌的属性、节目、符号体系、受众以及受众与组织关系等因素综合而成的结合体，它是将广播电视媒体的产品、组织与受众、消费者等关系利益人联系起来，为广播电视媒体自身和受众带来溢价和增值的一种物质和信息存在。

3. 广播电视媒体品牌的作用

与其他媒体品牌一样，广播电视品牌能够增加传播效果，提升竞争力和影响力，获得良好的社会效益和经济效益。具体来说，广播电视品牌的作用主要有：

（1）整合作用，能够最大程度地整合媒体资源，优化资源配置。

（2）聚集作用，能够有效吸引人流、物流、资金流、信息流。

（3）增值作用，能够大幅提升产业增值能力，提高附加值，实现利润最大化。

（4）辐射作用，能够带动形成文化产业链条，拓展市场发展空间，催生更多市场主体。

（5）放大作用，能够扩大区域文化影响力和知名度，增强文化综合实力和竞争力。[17]

三、我国广播传媒机构运作机制变革

（一）广播传媒行业特点

广播是建立在无线电技术基础上的现代化传播媒介。作为电子媒体的鼻祖——广播，自20世纪20年代在美国诞生之日起，就作为大众传媒家族的重要成员，对社会发展和大众生活有很大影响。1920年11月2日，美国第一家广播电台KDKA开始播音。这是世界上第一家正式申请注册并取得营业执照的广播电台。继美国之后，英国、法国、苏联等国于1922年先后办起了广播。愈是经济发达的国家，愈是对开办广播电台反应敏感，广播业迅速发展。第二次世界大战期间是广播发展的黄金时期，人们依赖广播了解新闻和前线的战事。美国国家意见调查中心的一份调查报告证明，第二次世界大战期间，利用率最高的大众媒介就是广播，占总利用率的67%。第二次世界大战结束后，随着经济的发展、政治的较量和文化的需要，电台的数量发展惊人。尽管在20世纪60年代，电视的出现对广播产生一定冲击，但广播依然以其独特的优势和特色巍然屹立，电台的声音已像天罗地网一样无所不包，无所不在，时刻影响着每个人的生活。如今，广播成为全世界各大洲应用最为广泛的媒介。[18]

就广播类型而言，目前广播分为调幅广播（AM）和调频广播（FM）。

调幅广播（AM），就是人们常说的中波广播。其波段范围从535千赫到1705千赫。调幅广播发射功率大，传播远，但广播发射带宽仅有9千赫，这严重影响调幅广播的信号质量，信号容易受到地形、建筑物、其他电子信号干扰，在城市中收听效果较差。

调频广播（FM），播出频道高于调幅的频道，波段范围从88兆赫到108兆赫之间。调频广播信号是沿地球曲面传输，传播范围受天线高度影响。信号不容易受到地形、建筑物、其他电子信号干扰，在城市中收听效果较好。

广播是技术驱动型产业。进入新世纪，随着数字技术的飞速发展，广播面临由模拟信号输出向数字信号输出的技术升级，全新数字音频广播已经出现。

数字音频广播（DAB）。这种广播具有激光唱盘（CD）一样的音质，所有的广播制作和发射设备都要实现数字化，听众必须用新型的数字收音机来接收。由于成本和费用昂贵，目前数字音频广播尚处在实验阶段。

广播的优势主要包括：

第一，广播历史悠久，和其他电子媒介相比，广播是一个"老"媒介。从世界第一家广播电台开播至今，广播已成为一个能容纳各种新技术手段与广播形式的产业。在悠久的发展历程中，广播业积累了丰富的人力资源与成熟的资讯经验。

第二，广播属于大众传媒，覆盖面广，具有广泛的群众基础。尽管电视及其他新媒体日益普及，但随着许多极具针对性的特色广播的开播，广播重新成为人们不可缺少的信息媒体和指导工作的工具。

第三，广播的终端接收器体积小，与其他媒介相比，具有明显的可流动接收的优越性，所以随身携带及收听都很方便。

由于广播的独特优势，世界各国不论政体如何，一直以来都把广播作为国家体系、社会系统的重要组成部分加以管理和控制。过去流传西方国家的一句话："一旦发生政变，首先要占领总统府和广播电台。"广播的重要地位和作用可见一斑。

再从广播资源的独特性来分析。世界各国对广播管理控制比较严格，主要是因为：其一，广播需要使用无线电频率，这些空中电波属于社会公共资源，这些社会公共资源由谁使用，如何使用，必须由国家专门机构来管理。其二，无线电频率是有限资源，必须经过制定相关法律法规适当分配和管理。广播业者不是无线电频率资源的拥有者，而是社会公共资源的信托者，在使用这些资源的同时，必须满足适当的信托条件，以确保公共利益不受损害。因此，世界各国的广播机构一般采取以下三种管理体制。其管理体制分类，如表1所示。

表1   世界广播媒体管理体制分类

管理体制类型	管理归属	管理方式	经营方式	典型代表
国家控制经营型	国家所有，政府控制	直接控制人事、宣传、政策、内容发布	全部经费国家财政拨付	美国之音，苏联广播电台，埃及、朝鲜、印度等国家电台
公共机构经营型	国家授权委托特许公共机构	间接管理	主要靠收取收听费，另有部分国家财政拨款和来自各种民间、企业的捐助	英国BBC 日本NHK
私有商业经营型	大财团或个人	政府通过营业执照审批进行宏观管理	主要靠商业广告、节目销售和其他收入	美国国内广播公司，台湾地区广播业

（二）我国广播传媒发展历程和传统运作模式

让我们以产业的视角回眸中国广播业的发展。

中国最早的广播电台是1923年由外国人在上海创办的。这些广播电台的创办，把先进的科学技术传入中国，使中国广播事业发展走出了第一步。1926年10月1日，中国自办的广播电台——哈尔滨广播电台开始播音。随后，出现了天津广播无线电台（1927年5月1日）和北京广播无线电台（1927年10月1日）。北洋政府时期，有10多座电台，规模都很小，全国约有收音机1万多台，生活在军阀连年混战中的贫苦百姓根本无钱购买。因此，广播只能成为军阀、官吏、富商和外国殖民者茶余饭后的消遣工具。

1928年8月1日，国民党在南京创办了"中国国民党中央执行委员会广播无线电台"，呼号XKM，简称中央广播电台。这是国民党继中央社、中央日报之后办起来的第三个中央宣传机构。4年后，发射机功率从500瓦扩大到75千瓦，呼号改为XGOA，是当时亚洲最大的广播电台。之后，国民党陆续在杭州、北平、广州、上海等各地办起20多座电台，抄收转播国民党中央广播电台的新闻节目，扩大其政治影响。国民党政府的广播电台是鼓吹国民党一党专政、维护国民党统治的工具。

抗日战争期间，广播电台成为侵略与反侵略、压迫与反压迫的斗争工具。这个时期，人民广播事业得以创立、发展并逐步壮大。1940年春，根据党中央和毛泽东的指示，以周恩来为主任，成立了广播委员会，领导广播电台的筹建工作。1940年12月30日，延安新华广播电台开始试验广播，标志着人民广播事业的开始。从此，中国共产党和中国人民有了完全属于自己的声音，广播电台成为中国共产党和中国人民夺取革命胜利的有力武器。

新中国成立后，中央政府对广播事业进行了一系列的恢复和改造，主要表现在：第一，恢复和新建了一批广播电台，增加了发射功率，以中央人民广播电台为中心的全国广播网初具规模；第二，建设农村有线广播网，全国建立了23 721个收音站；第三，完成对民营广播电台的社会主义改造，大陆广播电台全部由国家经营。

1952~1966年，我国召开了9次全国广播工作会议，对广播事业的发展做了宏观全面部署，加快了从中央到地方广播事业的发展。十年内乱，造成了广播宣传的大混乱、广播事业的大挫折、广播队伍的大灾难。改革开放以后，我国的广播电视事业进入高速发展时期，在节目管理和运营机制上都有了可喜的变化。全国基本形成了从中央到地方、无线和有线相结合的广播和电视、城市和农村、对内和对外并重的现代化广播电视宣传网，形成了中央、省、市、县四级办台的格局，条块结合的双重管理架构。各级广播机构受上级广播电视部门和本地党委政府的双重领导，行政上隶属政府部门，经费由财政拨款，内部人事、宣传、节目内容由宣传部门管理，成为国家政治体系的组成部分。[19]纵观我国广播业的发展历程，不难看出，长期以来，我国广播媒体的宣传特征十分明显，产业化运作和市场经验相对薄弱。

（三）我国广播传媒运作机制的变革

1.我国广播传媒运作机制的变革动因

改革开放以后，我国的经济建设和文化建设发展迅速。时代呼唤着新闻改革，新闻改革推动着广播发展。广播传媒积极发挥自身优势，改善媒体结构，开办系列台，增加广播种类，大幅度调整节目设置，加强与听众互动参与，提高广播的可听性、服务性。各地广播电台纷纷将人民台细分出诸多系列台（频道），如新闻、经济、文艺、生活、交通等，"一枝独秀"变成了"百花齐放"。在这种发展变化中，传统广播传媒运作机制的弊端逐步显现了出来：

（1）随着事业发展，广播电台系列频道的创建，人员、设备等投入显著增加，国家财力无法满足广播事业的发展和竞争的需要。

（2）随着社会主义市场经济体制的确立，各类市场不断建立、发育和完善，使广播业必须应对市场的竞争和挑战。全球信息产业的发展和全球化浪潮，逼迫广播行业必须面对世界广播电视产业的发展潮流。

（3）电视媒体空前繁荣，节目上星、落地。电视节目增多，广播听众大量流失，广播行业全面陷入低谷，生存困难。

（4）传统体制下，广播传媒人才老化，运作管理机制陈旧，以往的节目制作和运行模式无法适应听众的需求。

随着改革开放的不断深入，我国各级广播传媒逐步调整计划经济的运营模式，开始面对市场，走产业化经营的路子。从20世纪80年代中期开始，我国广播事业走上了一条计划性、统一性的管理模式和市场化、多元化的发展趋势并存的道路。

2.我国广播传媒运作机制的变革历程

1983年，全国广播电视工作会议提出了"广开财源，提高经济效益"

的改革方针，要求各级广播电视机构不能只靠国家财政拨款，而应改变观念，采取措施，增加创收能力，争取更多资金发展广播电视事业。

1992年，中共中央、国务院发布《关于加快发展第三产业的决定》，要求现有的大部分福利性、公益性事业型的第三产业单位逐步向经营型转变，实行企业化管理。全国广播机构纷纷进行改革，努力提高广告经营能力。

1998年开始，全国各级财政逐步对事业单位经费供给进行调整，减少财政补贴，大多数广播电台由全额拨款单位过渡到差额拨款单位，中央、省、市级广播传媒逐步被推向市场，进入广播产业化的全新探索阶段。广播传媒竞争日趋激烈。

纵观这一时期我国广播传媒的改革探索，大体包括这样几个方面：

（1）研究媒体特点，找准广播优势。

（2）打破原有运作管理格局，规划新的运作结构。

（3）规划设计新的节目样式，与听众达成双向沟通。

（4）提供新型广播服务，扩大社会交流。

通过一系列改革，我国许多广播传媒收听率大幅提升，广告经营大幅增长，社会效益和经济效益显著提高。[20]

（四）我国现代广播传媒的竞争环境

进入21世纪的中国广播，规模不断扩大，竞争日益复杂。中国国家广电总局局长王太华在2010亚洲媒体峰会开幕式上表示，目前国内共开办广播电台251座，广播电视台2087座，综合利用有线、无线、卫星等多种手段，广播人口综合覆盖率达到96.31%。中国建成了世界上覆盖人口最多的广播网。

广播传媒竞争更加激烈，不仅要面对与报纸、杂志、书籍、电影、电视、网络的外部竞争，也要面对广播行业内部的竞争。同时，要面对世界金融危机的考验，媒体融合和3G时代的挑战。

1. 广播传媒的外部竞争加大了发展难度

广播的外部竞争，主要是面对报纸、杂志、书籍、电影、电视、网络对受众的争夺。这些外部竞争对手的存在和发展，加大了广播传媒竞争的艰巨性。广播媒体外部竞争态势，如表2所示：

表2　　　　　　　　　广播媒体外部竞争态势分析

项目 媒体	优势	劣势	竞争措施	竞争强度
报纸	权威性高，保存性强，传阅率高，适合深度背景分析，受众相对集中	时效性差，阅读选择性强，形式呆板和局限，视觉冲击不足，质量有误差，发行广泛度小	提高可读性、趣味性、娱乐性，增加版面和数量，提供读者购买和邮购的便捷服务	高
书籍杂志	行业性强，传阅率高，滞留时间长，保存性强，印制精美，受众集中，版面及篇幅灵活	时效性差，阅读选择性强，获取成本高，发行量小，受众面窄，价格较高	细分读者市场，印制精美，选择性强，内容深刻，专门性突出	中
电影	影像清晰，形象逼真，感染力强，技术先进	成本高，周期长，受众面窄	制作和引进大片，扩大院线，明星炒作	弱
电视	时效性强，图文并茂，动态感强，内容丰富，受众面广，权威性高	保存性差，针对性弱，受众差异大，广告数量多，价格高	卫星直播、异地连线等方式提高新闻时效性，加大节目的观赏性、参与性	高
网络	时效性强，参与性强，不受时空限制，可声、像、文、图多媒体传播	技术制约大，资源制约大，操作相对复杂，内容良莠不齐，视觉疲劳感强，价格高	提供交互平台，丰富功能和内容，炒作话题	弱

2. 广播传媒的内部竞争加大了发展成本

由于传播方式相似，广播电台之间、频道之间、节目之间竞争锋芒毕露，收听率、信号覆盖、广告争夺战此起彼伏，直接导致广播收听市场、节目市场、广告市场的混乱。广播传媒内部竞争主要表现在：为扩大广播覆盖，纷纷更换大功率发射机，抢占收听地盘和听众规模；为抢占收听率，克隆复制其他电台成熟优质节目，出现严重同质化现象；面对有限的广告市场和份额，各尽所能，各使所长，无序竞争。广播传媒内部竞争加大广播发展成本，削弱了广播传媒效能发挥。

3. 广播传媒面临新型网络媒体冲击

随着信息技术的发展，网络媒体越来越引人注目，人人都可以在网上发布新闻，信息发布者同时也是信息消费者，信息消费者自己控制着信息的传播。在互联网媒体中，播客，一个源自于网络，又酷似广播的新媒体已经向传统广播走来。播客指的是个人运用数字广播技术制作的在互联网上传播的音频、视频内容。播客技术诞生于2004年，短短几年时间，就成为人们关注的广播新技术。它吸收了传统广播的一切优势，弥补传统广播的天然不足，以提供网上极具个性的免费内容，吸引相当一部分听众，正成为冲击广播传媒的新兴力量。

4. 广播传媒广告经营面临金融危机的影响

发端于美国的次贷危机对于全球金融经济体系产生冲击，并影响到实体经济发展。企业在遇到资金困难时必然减少支出，率先削减广告预算。据统计，2009年以来被访广告主通过广告公司投放的媒体广告费用，占总媒体购买费用的比例进一步降低，降到了38.5%的历史最低点。由此可见，金融危机对广告业的影响会进一步加剧媒体竞争，影响广播传媒的广告经营。

5. 广播传媒面临3G的影响

在信息制作与传播渠道越来越丰富、技术日益更新的3G时代，传统的广播传媒面临3G的影响和冲击。3G具备便捷、多样、互动等优势,代表电视、广播等媒介的发展方向。进入3G时代,新媒体将会加速发展,传统的新闻媒介逐渐向手机媒体靠近。3G与广播相结合,将极大地方便用户的使用,用户除了能够通过手机实时收听广播,也可以下载或点播已经播放的广播节目,满足了用户的休闲娱乐及获得资讯的需求。未来,对于广播传媒的业务运作流程和管理流程都会带来深刻变化。

6. 广播媒体面临媒介融合的影响

媒介融合,就是将广播、电视、平面媒体、互联网的采编作业有效结合起来,资源共享,集中处理,衍生出不同形式的信息产品,然后通过不同的平台传播给受众。媒介融合是社会科技高度发展的条件下,媒体与时俱进,从单一发展到战略合作的结果,是社会发展的必由之路,是媒体发展的必然选择。目前国内各级广播电视的融合已经开始,省级以下广播电视机构,管办分离,广播电视合二为一的工作已经开始。这种融合和新媒体的崛起必然会对传统广播产生挤压,对广播发展产生一定影响。

(五)我国现代广播传媒的发展趋势

虽然在多种竞争环境中,广播传媒的发展面临重重困难,但广播自身的生命力总让它能够找到适合自己的发展方向,依然保持旺盛的生命力。无论过去还是现在,乃至将来,广播传媒都不会衰退。近年来,随着世界广播的日趋成熟,中国广播在专业化、本土化、网络化、品牌化上体现一些独特趋势。

1. 专业化趋势

细分受众市场,以节目的类型化、专业化特色,提供个性化服务。

2. 本土化趋势

强化对本地信息的深层挖掘,对外地信息的本地化解读,采用适合本土观众口味的形式,以具有本土化特色的节目,引起受众的心理接近性共鸣。

3. 网络化趋势

联合办台，资源共享、优势互补，降低运营成本，拓展覆盖，扩大影响，取得规模效应。

4. 品牌化趋势

形成品牌节目与专业化频道的互动，以强势节目带动品牌频道，强化听众收听。

四、广播传媒品牌的创建

（一）广播传媒的品牌

随着媒体数量的急剧膨胀，我国媒体产品市场的供求关系发生了重大变化，传媒业已经进入"相对过剩的传播"。对于每一家媒体来说，这都是残酷无情又必须面对的现实。传媒之间为争夺受众的美誉度和广告主的广告投放而展开的竞争，本质上就是传媒品牌的竞争。

那么，何谓广播传媒的品牌呢？它是指广播传媒以主体业务为核心，能在经营和发展中胜过对手的资源和价值，能在自己的覆盖范围内，以自身的传播特色，赢得听众，占领市场，实现持续、良好的社会效益与经济效益的综合能力。

1. 广播传媒品牌的特征

（1）品牌是受众注意力的目标

当今社会，人们的生活节奏越来越快，不同的听众群体对信息的选择度越来越高。广播的基本功能是传播信息，提供服务；广播品牌的直接作用就是能引起听众的注意，提升广播的公众影响力。如今，平庸的、空泛的、缺少个性的广播，已经不能引起人们的注意，只有那些专业而精优的广播，才会吸引人们的关注。对于广播来说，没有注意力就没有听众，没有听众就没有市场，没有市场就没有效益。

（2）品牌是受众忠诚度的体现

在媒介竞争的态势下，广播除了要保持较高的收听率以外，更重要的是培养一大批长久依赖的听众。打造广播品牌的过程，就是培养听众忠诚度的过程。广播品牌不仅可以使广播好听、受听，使听众爱听、必听，还可以真正成为听众对社会判断的支点，发表观点、倾诉衷肠的地方，使他们产生情感忠诚和行为忠诚，产生持续收听期待和收听过程。

（3）品牌是媒体个性化的表达

实践证明，促使听众产生收听行为的基本动因，很大程度上取决于广播的特色和个性。精细分工、专业服务就是广播媒体的特色；那些不易被模仿的差异性，才是广播的真正个性。广播品牌就是媒体特色的体现、个性的张扬。广播传媒的品牌扩张是利用自己的市场覆盖面、社会影响力和公众号召力，来实现市场资源的优化配置，实现广播的有形变无形。又通过品牌价值链的不断延伸，对广播无形资产进行深度开发，对社会需求点深入挖掘，获取效益可观的市场回报，实现广播的无形创有形。有形—无形—有形的循环反复，这就是广播媒体发展的动力源泉。

2. 广播传媒品牌的构成

广播传媒有着独特传播规律和自身特点。频道是广播传播的载体，频道决定着节目的取舍，节目是频道发展的基石。节目通过主持人来实现，主持人是节目的灵魂和代言人。如果没有节目，频道如无源之水；如果没有主持人，再好的频道、再好的节目也无法存在和体现。优秀的节目和主持人为广播频道赢得广泛收听的听众，听众群体又吸引广告商和广告客户购买广播频道时段，为广播频道实现广告收入和经济效益。广播频道经济效益的取得又为节目和主持人可持续发展奠定了物质基础。这种密切相关、互惠互利的关系决定了广播传媒品牌的核心是频道，品牌的支撑是节目，品牌的形象是主持人。品牌节目、品牌主持人、品牌频道，是构成广播传媒品牌的三大要素。

（1）品牌节目

品牌节目是广播电台核心竞争力的重要资源之一，是广播频道为听众所期待、识别和选择的标记，是基于科学严谨的市场调查，为目标听众的具体需要量身定做的广播产品。它研究了听众的心理、文化需求，其目标听众、市场定位非常明确。品牌节目的核心是围绕收听市场而进行的精品创作过程，具有很强的思想性、针对性、服务性、时效性和可听性。品牌节目要有显著的标识，鲜明的风格特征，与内容相协调的包装，使听众能从众多频道中很快识别出来。品牌是收听率的集中体现，是广播竞争力的象征。品牌知名度越高，对广告商的吸引力就越大，广告价格也就越高。品牌节目有着多重的关系链，涉及多个方面，其各方相互关系如图2所示。

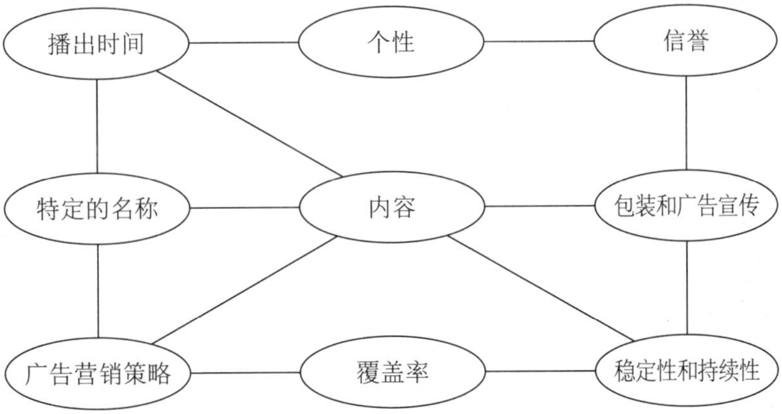

图2　品牌节目相关方面关系图

（2）品牌主持人

品牌主持人是广播品牌的关键要素，是打造广播品牌的重中之重。品牌节目主持人一般必须具有以下特征：

① 广泛的的社会效应和号召力。

② 具有较高的政治觉悟和政策水平，深厚的文化底蕴、专业功底和艺术修养。

③ 必须在长期的业务工作中具有较强的理解、分析能力和对节目的驾驭能力，形成自己的语言风格和声音形象。

④ 必须具有较强的团队协作精神，融入在媒体的集体当中，展现为听众真诚服务的姿态和水准，从而体现媒体的权威性和公信力。

⑤ 是普通百姓的代言人和知心人。在节目中会用热情、真诚、关切、耐心和可亲近的柔性处理方法，真实地反映听众意愿，满足听众需求，缓解情绪，振奋精神，制造快乐，用辛勤的工作、真诚的态度赢得听众信任，受到社会各界的广泛关注。

媒体的竞争最终体现为人才的竞争。决定广播品牌优劣的，就是品牌主持人。

（3）品牌频道

广播品牌的核心要素是广播频道，而不是原来意义上的广播电台（总台）。品牌频道的产生也不是一日之功，它必须在一定时期内通过品牌节目和品牌主持人的共同作用而确立。一般须具备以下特征：

① 服务对象化。根据受众细分化理论，品牌广播频道必须有准确明晰的定位，主动选择一类或某个阶层、某个职业、某个年龄段，作为传播对象，并对其文化素养、经济状况、工作节奏、生活习惯以及心理需求等做深入细致的调查研究，摸准他们的思想脉搏，了解他们的心声，关注他们的需求，实现他们的愿望，把节目真正办到"这一群人"的心坎里。久而久之，"这一群人"就成了该频道的忠诚听众。

② 风格个性化。品牌频道除了有可听的节目内容外，还要有与众不同的频道风格。这包括独有的好听好记的名称；贴切、生动、简洁的宣传语言；独特动听的节目曲、间奏及片花；新颖独到的节目编排；流畅自然、富有感染力的主持等。色调和风格要统一，与节目定位相一致，与宣传内容相得益彰。一听主持人的声音和音乐，就知道是这个频道。突出频道个性，彰显节目风格，是品牌频道必备的元素。

③ 运作市场化。品牌频道有着强烈的市场意识，会依据市场的需求开办节目，依据市场的需求设计节目，依据市场的需求经营节目，以获取更大利润。品牌频道就是广播传媒的形象和符号，标志着一种超越时空的品位和文化，对于塑造良好的美誉度和公信力起着举足轻重的作用。

（二）广播传媒品牌的塑造

广播媒体的品牌，不同于一般意义上的商业品牌。它必须始终兼顾社会效益与经济效益，必须遵循党和国家的法律法规和文化产业政策，服务于国家核心价值体系的建设，符合和谐社会和低碳经济的要求。广播传媒品牌的成长是一个长期的过程，系统的工程。品牌节目、品牌主持人、品牌频道的塑造和培植，都要有清晰的路径和策略。

1. 广播传媒品牌塑造的路径

企业在塑造品牌的过程中，所采用的策略方式各不相同，但万变不离其宗。广播传媒品牌的创建策略和方法，或许会因媒体文化、团队状况不同而千差万别，也无法超越品牌塑造的基本理论和阶段。本人认为广播传媒品牌塑造大体经过三个阶段，如图3所示。

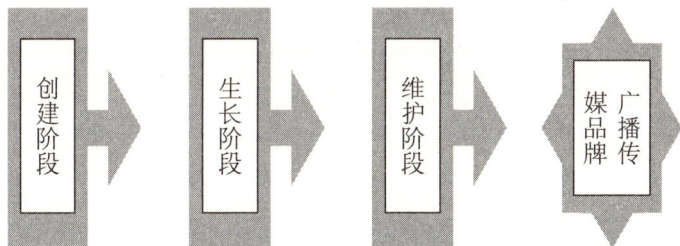

图3　广播传媒品牌塑造的基本路径

以下仅对广播传媒品牌塑造的基本路径和着力点予以阐述。

（1）创建阶段——准确定位，确立品牌发展方向

定位的概念是1972年美国营销学专家艾·里斯和杰克·特劳特在为《广告时代》撰写的题为《定位时代》的系列文章中首次提出的，定位是

产品通过表面上的基本变化，确保其在预期客户头脑中占据一个真正有价值的地位。品牌的定位就是通过细分市场，锁定一个目标市场范围，为品牌找到一个适当、有利的市场位置，当某种需求一旦产生，人们会首先想到某一品牌。而媒体品牌定位，是指传媒机构为其特定品牌确定一个适当的受众的规模、区域、类型和层次，并且能够根据受众的思维方式和心理需求，突破信息沟通障碍，使自身的传播效果，包括经济效益和社会效益，都达到最佳状态。

广播传媒的准确定位必须深入了解听众市场，来确定自己的品牌发展方向，既不能一味迎合听众口味，也不能只追求与竞争对手的差异化。最主要的是了解竞争对手和自身优势，做出最优化选择，力求找到文化格调与大众口味的融合点。

广播传媒的品牌定位主要涉及三个纬度：听众市场、竞争对手、传媒自身。其三方关系，如图4所示。

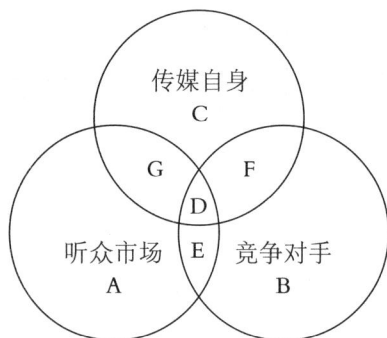

图4　广播传媒品牌定位关系示意图

如图所示，三个椭圆分别代表听众市场、竞争对手和传媒自身。广播传媒的品牌定位，就是要找出G区，并对其进行描述和传播，并且不断扩大G区和A区的重合度，挤压E区，争取G区最大化。广播传媒品牌定位是一个复杂的过程，不仅包括媒体战略的确立，还包括媒体战略转变、品牌理念的落实措施和执行等。

（2）生长阶段——运作到位，确保品牌目标的实现

生长阶段是指广播媒体的品牌产品在创建之后，度过半年左右的生存期，进入稳定期，开始以充实内容，表现实力，追求风格化为根本诉求。这个时期，定位的坚守和固化非常重要。要采取一系列措施，固化听众的认知，不断提升档次、品位、质量，争取更大听众市场。这些措施一般应包括：

① 覆盖到位。加大技术投入，以较大的覆盖率和清晰率方便听众的有效收听。

② 传播到位。通过创建风格独特、形式独特的视觉识别系统和听觉识别系统，在听众中树立自身整体形象。通过媒体广告置换和投放等形式，在电视、平面、路牌、车体等其他媒体上进行阶段性宣传，吸引听众对自身品牌的关注，将品牌定位概念及时准确地向听众传达。

③ 活动到位。根据自身的优势和听众市场的定位，组织品牌化、节目化、系列化、市场化、合作化的大型社会活动，强化对听众的吸引和影响，加大品牌的促销和推广，为广播传媒的品牌创建加油助力。

（3）维护阶段——管理到位，放大品牌的社会效益

品牌作为企业的重要资产，其市场竞争力和品牌价值来之不易。但是，市场不是一成不变的，需要企业不断地对品牌进行维护，避免品牌知名度、美誉度下降以及销售、市场占有率的降低。这种品牌失落现象也称为"品牌老化"。不断对品牌进行维护，是避免品牌老化的重要手段。品牌管理是企业品牌维护的关键。品牌管理不能只存在于管理者的头脑中，而应该成为各职能部门的工作任务，成为企业各部门之间的纽带和桥梁。

传媒品牌管理，其最佳状态就是在媒体内部模块化、扁平化的管理架构下，每一个品牌都能充分施展个性，充分扩张自己的品牌空间。作为广播传媒，无论是否拥有专门的品牌管理部门，品牌管理要着力做好两个方面的工作：

① 加强品牌的组合管理。广播传媒由于自身的媒体特点，品牌构成元素多，相互之间互动关系复杂多变，母品牌和若干个子品牌共同构成一个层级结构分明的品牌系统。[21] 加强品牌的组合管理，就是要建立一个品牌架构来组织协调和明晰品牌之间的关系，对品牌统一规划和管理，防止各自为战，盲目成长，从而造成内部的相互掣肘，浪费资源，甚至对母品牌系统造成不必要的破坏。目前，国内一家省级广播传媒一般拥有10个左右的频道，每天有几十个自办节目，品牌的组合管理首先是对频道的规划，根据听众市场和目标听众确定各频道的定位。然后，根据频道的定位，确定创办怎样的节目，什么样的节目是重点打造的品牌节目，什么样的节目应当占有怎样的比例，各节目之间建立和保持怎样的关系。有了明确的品牌架构和品牌关系谱，才能够避免频道与频道之间，节目与节目之间，主持人与主持人之间的同质化，形成相互呼应、密切协同的关系，从而实现对目标听众市场的全覆盖。

② 不断提升品质。广播传媒属于内容产业，高品质是品牌塑造的基础。无论广播节目、主持人、频道，要想实现品牌的高端崛起，必须根据市场行情和竞争对手的变化，适时对内容和形式进行阶段性调整和拓展，保持品牌的新鲜感、时尚感。同时，还应当从不同角度，运用各种听众喜闻乐见的方式，不断增强品牌的公益性。公益行动容易树立品牌的良好形象，获得良好的品牌美誉度。媒体组织的公益性活动最能吸引公众的注意和信赖，公益行动的受益者，还会成为品牌口碑的传播者，口口相传，会为品牌插上有力的翅膀，在公众心中高高地飞翔。

作为广播传媒来说，提升品质不仅在内容上突破，还可以通过发挥广播的独特优势来实现。节目互动是广播传媒独特的优势，也是广播品牌培养听众忠诚度的有效手段。听众在直播节目中打电话参与，表达观点，倾诉衷肠，回答问题，不仅拉近距离，而且荟萃社会公众意愿和智慧，弥补节目和主持人知识缺陷，丰富节目内容，体现品牌内涵和高成长的潜力。通过互动特色吸引稳定的目标听众，也可以使广告商比较容易地找到他们希望影响的目标消费者，实现有效传播，最终实现媒企双赢。

2. 广播传媒品牌塑造的策略

（1）品牌裂变，实现低成本扩张

打造原创品牌，追求听觉上的显著性、内容上的独特性、形式上的新颖性，无疑是广播传媒品牌塑造的首选目标。广播传媒品牌成长，需要较长时间培植。品牌裂变就是在原有品牌的基础上，按照市场需求和自身优势，生发出新的品牌幼苗，加以培植，稳固原有听众市场，吸引新的目标听众，在品牌的低成本扩张中实现跨越式发展。

（2）品牌置换，实现价值链延伸

广播是定时、定期、连续播出的大众媒介，具有持续的市场影响力，也有相当大的融合空间。品牌置换，就是将不同媒体的优质品牌加以置换，实现优势互补。比如将报刊品牌、电视品牌、网络品牌等置换为广播品牌，或者将广播品牌置换为报刊品牌、电视品牌、网络品牌等，把读者、观众激发出来的精神期待移入广播，把听众激发出来的精神期待延伸到更加广阔的空间，以此培育、强化听众的收听情结，营造新的广播市场。

（3）品牌嫁接，实现市场化拓展

品牌没有永不褪色的孤胆英雄。品牌嫁接就是要实现品牌的跨媒体经营。提升广播品牌的文化层面，将广播的载体优势向更为广阔的时空延伸，在广播的可持续发展中形成垄断优势，不断开辟出新的经营领域，生产出更多的社会需要的产品。比如北京经济广播建立了多媒体数据广播，实现了广播可以看着听，提供了一个成功的范例。现在，北京的听众可以通过视频信号，看到节目主持人在直播间工作的情况，看到全球金融市场、外汇市场、证券市场的行情、图表、报价等重要信息。北京经济广播在品牌嫁接过程中，成功地实现了市场的拓展，不仅满足了广大听众的需求，而且获取了可观的经济收入。

（4）品牌包装，实现高质量造势

包装是打造广播传媒品牌的重要手段，广播自身的宣传和造势活动更是有效的手段。美国著名的广播公司"清晰频道公司"，一年组织2万多场演出。在台湾，一家新成立的广播电台，通过组织各种活动，7年之内声誉鹊起，利润滚滚。造势活动无论对节目还是主持人，甚至频道品牌的树立，都有着重要的作用。

五、广播传媒品牌的营销

品牌营销，就是经济主体塑造品牌形象，创建品牌价值，并以此推动产品销售实现利益最大化的过程。和实物经济的品牌经营过程一样，广播传媒的品牌营销就是在确定品牌定位后，围绕品牌实施的一系列营销推广动作，以保证品牌价值的实现。

（一）广播传媒品牌营销策略

1. 品牌发展战略

"战略"一词原本含义是"将军指挥军队的艺术"。品牌发展战略是企业根据内部及外部的环境，为了确立品牌的优势并将此种优势持续下去而对品牌的目标以及实现目标所用的手段的总体谋划。作为广播传媒的品牌营销发展战略，其核心就是要通过对市场的精准调查分析，确定目标市场，策划设计并组织实施，从而建立品牌，初步形成品牌形象，并取得一定听众反馈。该战略目标是对品牌定位的过程。正像美国品牌研究专家艾克和乔瑟米赛勒认为的那样，品牌定位能突出品牌识别的焦点，它确定了传播目标，即什么样的信息最能体现差异化，最吸引目标市场。

2. 品牌形象加强战略

品牌形象加强战略就是品牌在确立之后，对其形象加强推广宣传所用手段的总体谋划。广播传媒的品牌营销加强战略，其核心就是要加强提高品牌形象的宣传活动,以期达到社会对品牌地位的肯定。

3. 品牌延伸战略

品牌延伸作为一种经营战略,是指企业利用现有的品牌延伸到新产品之上的经营行为。广播传媒的品牌延伸战略,其核心是当品牌慢慢地得到听众的认同,但尚缺乏营销活力时,应有计划地导入新的形态和内容的拓展,以加强品牌的活性比,强化目标听众的偏好。

4. 品牌再活性化战略

品牌再活性化战略是指企业品牌处于品牌维护阶段而采取的策略。在这个阶段,消费者对品牌形象有普遍认同及尊重,企业一般有计划地对品牌进行维护,以保持品牌的活力。广播传媒品牌再活性化战略的核心就是增加品牌的活性元素,采取多种措施,持续品牌影响力。

5. 品牌撤退战略

品牌撤退是指企业品牌丧失活力阶段采取的战略。主要是因市场环境的变化,既有品牌已经不适合新的市场环境,企业用新品牌来取代原有品牌,并着手新品牌的资产创造工作。撤退是为了日后的进攻。广播传媒品牌撤退战略的核心不是简单地将节目和人员撤换,而是对原有资源重新梳理和重新配置,为新品牌创建积蓄力量。

(二)广播传媒品牌营销重点

美国广告专家莱利·莱特指出,未来的营销是品牌的战争——品牌互争长短的竞争。全球顶尖营销顾问公司——美国科特勒营销集团总裁米尔顿·柯特勒在比较中国海尔与美国摩托罗拉时评论道:就海尔来说,品牌就是一场大规模的促销运动;但对摩托罗拉而言,品牌就是在目标消费者心目中建立起认知价值和品牌偏好的一场战略运动。海尔运用的是战术,摩托罗拉运用的是战略。在商品同质化高度发展的今天,品牌的核心价值将像独特性是人生命力个体标识一样,成为品牌差异化的关键,而差异性就是竞争力。[22]广播传媒品牌的营销应该是一场战略运动，其重点就是对品牌核心价值的挖掘和张扬。对于构成广播传媒品牌的三个要素——品牌节目、品牌主持人、品牌频道，应确立不同的营销目标。

1. 品牌节目营销目标——提高品牌忠诚度

品牌忠诚度是指消费者在购买决策中，多次表现出来对某个品牌有偏向性的（而非随意的）行为反应。它是一种行为过程，也是一种心理（决策和评估）过程。品牌忠诚度的形成不完全依赖于产品的品质、知名度、品牌联想及传播，靠的是消费者的产品使用经历，它与消费者本身的特性密切相关。

广播属于线性传播，稍纵即逝，节目收听率往往起伏不定。形成稳定的收听群体，维持较高的收听率，是提高品牌忠诚度的重中之重。

节目忠诚度是反映听众对某一节目的忠诚程度的指标，表现为在听过某节目的听众中，能够成为该节目的忠实听众的听众比例。节目忠诚度通过公式可表述为：

$$H = (P1/Pt) \times 10$$

其中，H 代表听众忠诚度，$P1$ 代表经常收听某电台的听众人数，Pt 代表收听过该电台的听众数，10 为标准数。

品牌节目提升听众忠诚度策略主要体现在以下几个方面：

（1）把握听众特点，再次细分听众。针对听众不同类型的收听需求划分更精准节目，以此吸引更具体的听众群，促进节目创作者进一步了解目标听众，使主持人做节目时产生面对真实听众般的"对象感"，从而进一步结合节目类型、时间等因素，确定合适的语言、语态、语速、节奏，选择最适合的交流方式，达到最佳的交流效果。

（2）丰富节目内容，创新节目形式。广播节目的创新，是广播传媒专业化、市场化、本土化的必然要求。由于节目的听众群体具有随意性与不确定性的特点，节目形式的新颖与样式的多变显得尤为重要。

（3）提升主持魅力，拓宽沟通平台。广播是声音的载体，由语言（包括同期声）、音响（包括现场实况）和音乐等多种元素构成。广播的最高境界是用声音去打动听众。这就要求节目主创人员和主持人具备专业技能，在播出素材的选择上能把握主题，突出个性，在符合听众口味的基础上提升其欣赏水平。广播节目最大的魅力来自它的"交流感"。现代传播学认为，最佳的传播是双向的、互动性的。传播者也是接受者，接受者又是传播者。受众的参与是节目的活力和生命力所在。走出"直播间"办户外广播，实现更良性的互动；与其他媒介联合，形成多样化的沟通平台，在此过程中形成的主持人和听众之间一对一、一对多的立体型交流互动，是一种对平面型交流的深加工，不仅有利于节目信息的反馈，还可以拉近与听众内心的距离。

（4）以活动促广播，让广播看得见。广播声音传播是单一的信息传播，无法像电视那样调动视觉元素将品牌形象化，目标听众对其品牌的记忆停留在一维层面上。开展公关营销活动，可以实现广播立体化传播，通过举办活动，将电台的幕后主持人请到台前，传播可视元素，使听众得到可感的品牌形象，强化品牌的视觉形象，节目本身也会因活动增添收听亮点。听众还会因持续关注活动对节目产生亲切感，进而培养出习惯性收听情感。开展不同主题的同城听众活动，是培育节目新听众、提高老听众的忠诚度切实有效的方式。

2. 品牌主持人营销方式——强化包装

说起包装，人们便会自然而然地想起商品的外在的装潢设计。随着社会的进步与开放，人们观念的更新，一些新时尚、新意识渗入了普通人的日常生活，自我的包装，形象的设计，以及自身的营销，越来越成为一种社会时尚。在广播电视业内，主持人是节目的灵魂。国外权威媒体的成功经验表明，对于那些具有自身实力的主持人来说，包装和营销是从默默无闻走向金牌之路的关键。

那么，该如何包装和营销节目主持人？凤凰卫视的做法值得我们借鉴。凤凰卫视起初的宣传包装部门属于默多克集团的STTV。这些拥有西方电视包装经验的人物，熟练地用他们认为适合的方式，包装着踏进凤凰卫视的主持人、记者、评论员。几乎所有的主持人到了凤凰卫视，都会在这个机制里得到全面的包装与推广。对主持人的宣传通常分为三个阶段：

一是采取不同的明星包装路线。比如，凤凰卫视中文台早期突出主持人的青春靓丽型，资讯台开台时的一批新主持人则突出他们的职业特点、专业化形象。阮次山先生就被包装成"蛮帅的列宁"，何亮亮则以持重示众，曹景行令人难忘的是一头华发，至于杨锦麟最著名的就是几套唐装和书生的言谈风格。

二是建立明星的个性特征。在主持人初步被观众认识之后，大张旗鼓地进行推介，主要通过节目宣传片和个人推广来完成。比如在凤凰的节目宣传片中有大量的主持人镜头，主持人成为节目的化身，主持人形象与节目的内涵联系起来；一些节目干脆以主持人名字命名，比如《小莉看世界》《鲁豫有约》等，其他节目如评论性的《时事开讲》《新闻今日谈》，闲谈性的《锵锵三人行》，专访式的《名人面对面》等，在宣传上以主持人挂帅，由他们把观众带进屏幕，由明星主持带动名牌栏目，最终实现由名牌栏目拉升频道形象。

三是全方位联动，提升公众形象。凤凰卫视设有公关部，负责在平面媒体推介主持人、评论员。帮助主持人、评论员进行的推广，包括记者会、观众见面会、演示会、报告会、平面媒体宣传、设计主持人卡、拍宣传片、建立网页等等。凤凰卫视的主持人拥有一张印刷精美的"明星卡"，外出采访或参加社交活动，会带上数十张明星卡，随时派发给热心观众。对于尚未出名的主持人来说，这是推介自身的方法；对于已经成名的主持人来说，又是拉近与观众距离，建立公众形象的机会。

与电视传媒相比，广播传媒只有声音的传播，缺乏音像俱佳的优势，但在主持人的强化包装上依然大有可为。

（1）在节目主持人固定的前提下，保证主持人的主持时间、主持频率。如果频繁更换主持人，直接导致主持人的知名度不高，听众对主持人不熟悉，更谈不上喜爱，降低了主持人与栏目之间的关联度。

（2）节目版头、宣传版花中要为主持人提供展现形象的空间。播出制作精美、引人入胜的节目版头，会给听众造成深刻的印象，甚至能够吸引听众去收听节目。宣传版花中出现主持人的声音，能使听众产生新的印象，增加好感。

（3）让主持人完全加入节目的策划、制作过程，获得节目内容和主持人的完美结合。主持人不是传声筒，不是念稿机器，主持人积极性与创造性的充分发挥是品牌节目创立的关键。主持人与节目相辅相成，主持人是广播节目的终端形象。

（4）对主持人声音形象进行精心的包装。根据主持人自身的条件选择合适的节目，从语速、音色、音质等声音形象上进行设计，确保与所主持节目的风格协调一致。比如，新闻节目的声音形象要端庄、大方、清晰流畅；娱乐性节目的声音形象要幽默、活泼，具备煽动性和感染力；生活服务类节目声音形象要亲切、温和，富有母性光辉。

（5）拓展主持人和听众的交流渠道，增强主持人和听众的互动。广播是"看不见"的媒体，就广播听众而言，广播和节目主持人充满神秘感。从他们的心理来说，能够和自己喜爱的节目主持人直接地交流，是很期待很亢奋的事情。因此，要创造一切条件增加节目主持人与听众见面交流的机会。比如鼓励主持人参与社会活动的主持、企业商业活动的主持、婚礼的主持，在节目中为观众提供主持人信箱、热线或者网络交流方式，为听众提供主持人的个人签名照或明信片……拉近与听众的距离，塑造主持人亲和、鲜明、值得信任的公众形象。

（6）设立主持人经纪部门，为主持人统筹对外营销活动，从制度上对主持人营销提供保障。有了经纪部门的帮助和策划安排，主持人在专心主持节目之余，可以接拍广告。定期安排主持人参与社会活动以及公益事业，既有利于主持人品牌的塑造和名气的提升，又可以创造经济效益，实现主持人和广播电台的双赢，避免出现主持人自己"走穴"等现象的发生。

（7）用足用好网络资源和其他媒体资源，实现主持人的立体化营销。网络具有强大的传播力，可以实现跨地域、跨国界传播。广播媒体在自己的网站上做好主持人基本展示外，还可以利用知名网站上传照片、在线交流等等宣传方式，强化个人形象。同时，与其他平面媒体或者户外媒体寻求长期合作，对主持人的形象及其节目进行多方位的宣传，利用报刊、车体广告、路牌广告，登载主持人照片和个人资料；多与电视媒体进行节目上的合作，寻求共同主持；参加电视节目、平面媒体活动、网络视频直播等跨媒体活动，实现多家媒体的共赢，必然吸引更多听众的关注。

3. 品牌频道营销根本——影响力提升

影响力（influence）是指"文化活动者以一种所喜爱的方式左右他人行为的能力"[23]。影响力是一种控制能力。传媒影响力，就是它作为资讯传播渠道而对其受众的社会认知、社会判断、社会决策及相关的社会行为打上的属于自己的那种"渠道烙印"。[24]按照这一理论，传媒作为一项产业，其市场价值不在于规模的大小，而在于它能够在多大程度上保持对于目标受众的影响，并且这种影响力能够在多大程度上进一步地影响社会进程，影响社会决策，影响市场消费，影响人们的社会行为。那么，特色取胜无疑是传媒吸引社会关注的一种手法，也是广播传媒品牌频道营销的根本。

特色取胜主要依赖于资源的独特、定位的精准和内容的不可替代性。更多地源自于传媒独特的生产方式，传媒资源的优化配置，价值链条的有机支持。要做到：我有，别人没有；别人有，我的更好；别人的也好，我的成本更低。

在形成特色的操作中，要采取以下措施：

首先，要以"减法"思维来构筑自己的市场定位，以资讯整合的专业精深、资讯呈现的完整充分，来形成聚焦效应和规模优势。要重视团队的结构优化，注重团队的再学习能力和创新能力。只有比竞争对手快一步，才能不断获得因创新而生的市场"暴利"。

其次，要丰富频道与目标听众的接触环节，吸引受众收听。凝聚足够的社会注意力，是产生媒介影响力的前提和基础。衡量传媒的社会接触状况的指标，则是传媒的受众数量和规模性指标——广播频道的收听率。

第三，要提升听众忠诚度。媒体影响力的发生并不是一次完成的。只有持续不断地保持听众的稳定接触，才能提高听众的心理依赖程度、满意与满足程度、传媒在人们心目中的价值分量，使得广播频道的影响力因时间延续而价值"丰厚"起来。

第四，要将自己的资源运用"聚焦"于最具社会行动能力的人群和基本问题，占据市场制高点，形成价值倍增效应。要选择传媒覆盖地区或领域中那些最具社会行动能力的人群作为主打的目标受众，以便通过他们形成以一当十的社会影响力。同时，要根据时代发展或领域发展的基本问题自觉地定制传播产品。只有这种为社会所急需的资讯产品，才有可能"击中社会绷得最紧的那根弦"，从而产生巨大的社会影响力。"言不及义""鸡零狗碎"式的内容服务，即使做得很精巧，其社会价值也将大打折扣。[25]

第五，要拥有特色鲜明的CI形象，功能分明的频道设计。作为频道系统的品牌节目，应当自觉服从频道听觉、视觉识别系统的各项规定，执行统一的技术规范，贯彻频道的既定理念，极大地方便听众的选择，降低人们选择性接触的成本与代价。

第六，要有独特的信息处理方式和频道编排方式。广播传媒编播人员的专业本领绝非仅仅将有关的资讯简单地"音量放大"，而应该在纷繁复杂的资讯中，梳理出资讯的理解逻辑和重要性顺序，方便听众把握和理解。编排方式要照顾到听众收听的方便性，提升听众的"约会"能力和

"维持"能力。

（三）广播传媒品牌营销的最佳路径

广播传媒的经营是根据广播市场的内在规律和广播听众的特定需求，以频道为单位进行内容定位划分的，节目内容和频道风格能较集中地满足某些特定群体受众的需求，这使得频道的节目类型组合结构相对集中，频道的实际听众组合结构相对集中。因此，广播传媒品牌的塑造和营销具有复杂性和多变性，单靠一种手段很难奏效。引入整合营销传播的策略，是强化广播传媒品牌营销的最佳选择。

1. 整合营销传播

整合营销传播，是20世纪90年代以来国际营销传播中出现的一种新趋势。现代营销学之父菲利普·科特勒认为，营销是一种新颖的经营理念。组织目标的实现有赖于对目标市场的需要和欲望的正确判断，并能以比竞争对手更有效的方式去满足消费者的要求。[26] 在现代市场营销实践中，伴随着现代广告、公共关系、销售促进等传播实务的有机运用，"整合营销传播"（integrated marketing communication，简称IMC）应运而生。1993年，美国西北大学D.E.舒尔茨教授等人出版《整合营销传播》。该书强调由生产导向转入消费者导向后，过去的"消费者请注意"已被"请注意消费者"所取代。因此，从消费者出发，IMC成为营销的新趋势。"整合营销传播"，其主要内容强调从消费者需求出发，从沟通意义上展开营销活动；强调把广告、公关、CI、促销、直销、包装、新媒体等一切传播均归属于广告活动，使企业能将有关的信息统一口径地传播，即"用同一声音去说"（speak with one voice）；强调营销的前提是传播，需要追求传播效果的最大化。[27] 从IMC的这三项内容上，我们可以看出整合营销传播"用同一声音去说"，就是主张通过营销组合进行企业的营销和传播活动，如广告、促销、公关、新闻、直销、CI、包装、产品开发等进行一元化的整合重组，让消费者从不同的信息渠道获得品牌的一致信息，增强品牌诉求的一致性和完整性。

2. 营销传播组合

整合营销传播理论和实践表明，营销传播组合由5种传播工具组成：

（1）广告：通过一定形式，公开而广泛地向公众传递信息。

（2）公共关系：通过传播大量有说服力的材料，发展相互交往和评估公众的反应，从而建立亲善友好关系。

（3）人员推销：通过推销人员深入中间商或消费者进行直接的面对面的宣传活动。

（4）促销：利用各种有效的方法和手段，使消费者了解和注意企业的产品，激发购买欲望，并促使其实现最终的购买行为。

（5）直销营销。通过打电话或浏览网页的方式为目标受众提供某些有价值的东西，以激励他们采取行动。

结合广播传媒的特点和工作实际，本人认为广播传媒品牌的整合营销组合工具还应该包括：

（1）事件营销：通过把握新闻的规律，通过具体的操作，策划、组织和利用具有名人效应、新闻价值以及社会影响的人物或事件，引起社会团体和公众的兴趣与关注。

（2）文化活动：通过策划组织满足公众自我表现欲望和娱乐休闲愿望的主题活动或情趣性娱乐活动，来展示媒体品牌形象，使公众接受相关信息，产生好感和情感依赖。广播传媒品牌整合营销传播组合构成，如图5所示。

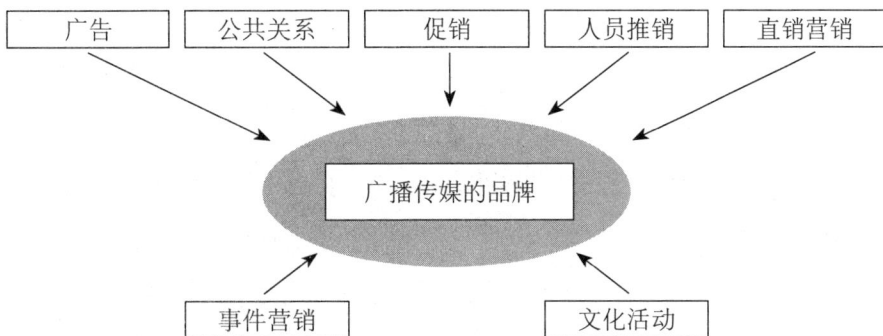

图5　广播传媒品牌整合营销传播组合示意图

（四）品牌传播效益评估

作为一种大众传播形式和活动，广播传媒是人们有意识有目的的社会活动。凡是传播活动，必然产生一定程度的效果。传播效益的大小，成为衡量广播传媒品牌的标准。简单地说，传播效益是指由信息传播活动所带来的有利于国家和民族健康发展的一切社会效益和经济效益的总和，表现为信息传播活动前后受传者和传播者在社会活动和经济活动方面表现出的差异。[28]

1. 品牌社会效益考核指标

广播传媒的社会效益是指广播媒介在服务国家、政党、社会、大众过程中实现的社会价值。它主要通过其特殊的文化产品对受众的思想、意识、观念乃至行为方式产生或积极或消极的影响而实现。社会效益考核一般采取软化指标，即表现为原则性的内容要求，而非规定性的数据定量。我们可以把社会效益划分为内容和效果两个基本层面。

内容层面，主要考察在内容的供应上，能否及时满足受众在最短的时间汲取最大信息量的需求，为人们的工作生活学习提供方便；在传播知识上能否做到以独特的方式，提供给受众更有贴近性和时效性的知识，发挥其积极的影响，启迪和教化大众；在娱乐大众上能否防止低俗之风、庸俗之风、媚俗之风的蔓延，避免追求纯粹形式的娱乐效果，充分发挥娱乐大众的功能，使人获得健康愉悦享受[29]；在服务与指导上能否让听众获取更细致、更多元、更丰富的资源。

在效果层面，主要考察能否提高感知能力，有助于听众更好地理解事物，提高运用知识和经验解决问题、发明创造的能力；能否引导价值观念，帮助塑造国家主流意识形态所倡导的健康的社会价值体系；在影响态度倾向上，能否使人们对社会问题、政治观点的态度发生变化；在促使动机行为上，能否从反馈中获悉受众的动机行为，同时促使媒介自身不断地调整传播内容。

社会效益的高低大小，一般来说，主要取决于以下四个要素：

（1）信息传播力：为社会提供有用的信息的能力。

（2）节目影响力：认真履行社会职责，最终得到社会的尊重的能力。

（3）舆论引导力：通过信息传播，引导人们正确认识的能力。[30]

（4）传媒公信力：在长期的发展中日积月累而形成的在社会中有广泛的权威性和信誉度的能力。[31]

2. 品牌经济效益考核指标

经济效益的考核一般采用几种定量指标，从数据上反映经营状态和效益的高低。

（1）以收听率为基础的评估指标

① 收听率（$BRr\%$）

收听率是建立在概率抽样基础上收听调查的一个非常重要的指标。收听率（broadcasting rating）指的是某地区在某特定时段 T（节目播放时段 T）内，收听某电台（节目）的人数占该地区潜在听众的比例。

一般说来，收听率反映的是在特定时段内收听某一电台（或节目）的人数在总体推及人口（就是潜在听众）中的比例。收听率与该地区的潜在听众的乘积，就是在这个地区这个时段收听该电台（节目）的人数。通常所说的电台的平均收听率，指平均每人每个时点（15分钟）内收听这个电台的时间。[32]

② 价值收听率（$VBRr\%$）

既然算出了电台的收听率，这个结果是好是坏呢？特别是几个覆盖范围不完全相同的电台，如何进行比较评价呢？显然，收听总时间是对这些电台或者电台的某些时段进行评估的最好的方法。我们把整个听众市场细分，每个电台都针对每类听众群赋予一个价值系数 p，然后把细分听众市场的收听率按价值加权，这样就能得到电台的价值收听率。

设听众细分市场是 Y_1，Y_2，…，Y_n，电台 A 每个细分市场在某个时段

T 内的收听率分别为 $BRt\%_1$，$BRt\%_2$，…，$BRt\%_n$，每个细分市场推及的人口分别为 PA_1，PA_2，…，PA_n，电台 A 对细分听众市场的价值系数分别为 p_1，p_2，…，p_n 且满足对任何 p_i 有 $0 \leqslant p_i \leqslant 1$，那么，这个电台在时段 T 内的价值收听率就是

$$VBRt\% = \frac{\sum (BRt\%_i \cdot PA_i \cdot p_i)}{\sum PA_i} \times 100\%$$

$\sum (BRt\%_i \cdot PA_i \cdot p_i)$ 指收听电台 A 的有价值总时间。

$\sum PA_i$ 指考察地区的总的人口，即总的潜在听众。

由此可见，收听率的比较是针对听众群不同的电台，既不能用全社会的收听率去比较，也不能用共同的听众群去比较，而是通过总体的价值收听率去比较。不同类的广告，并不是在收听率高的电台播出效果更好，重要的是选择这类广告价值收听率最高的电台。

通常收听率反映的是全社会的收听率，也就是电台的总体收听时间。对一些专业电台，从价值收听率的角度去考察，才能真正体现这些电台的广告地位。[33]

（2）以满意度为基础的评估体系

① 满意度

满意度是指听众根据收听节目的印象而形成的对节目满意的程度，是听众对节目质化评估的重要指标。节目满意度是基于收听率指标的局限性而推出的指标。满意度提供听众对节目的态度评价，以及听众对节目满意的因素、不满意的因素、影响收听与满意程度的关键影响因素等信息。它弥补了节目收听率调查仅能反映听众收听行为，而不能反映听众对节目的态度评价的局限性。

满意度是一个有趣的指标，它跟受众对品牌的预期和品牌的实际表现有着密不可分的关系[34]，可以用函数关系表示为：

$$S = P/N$$

其中，S代表满意度，P代表实际表现，N代表受众预期。

② 美誉度

所谓美誉度，是指品牌获得受众好感、信任、支持和赞许的程度，是受众对品牌给予美丑、好坏评价的一种情感倾向性指标，也是对品牌道德价值的一种评判，它是构建品牌力的重要组成部分。[35]

（3）以影响力为基础的评估指标

影响力评估指标是以影响力为基础的价值评估过程，综合分析媒体与受众双方的定量与定性指标。在吸收收听率和满意度等量化指标的基础上，加入可信度、忠诚度、权威性的考察，以期达到质化与量化评估的平衡，反映媒体价值的全貌。

① 接触率

涉及媒体传播程度，如覆盖率、覆盖人口数；以及听众接触程度，如到达率、收听率等。

② 保持率

体现满足听众需求的程度，如理解率、记忆率、满意度等指标；以及体现听众忠诚度，如接触频道和稳定率等。

③ 影响率

体现听众依赖度，如收听后听众行动意图与实现率、听众的媒体参与度等。[36]

（4）广告投放量指标

广播传媒的品牌是市场竞争的产物，也是市场竞争的工具和王牌。它凝结着服务对象多年的感情和信任。因具有较高的收听和忠诚度，对广告商的吸引力是不可抗拒的。因此，品牌节目或者频道广告价格和广告投放量是确定品牌经济效益的重要指标。[37]

（5）成本考核指标

广播传媒在其经营过程中，成本核算非常重要。经济成本主要包括固定资产投资费用、固定资产折旧费、信息材料费、版权费、调研咨询费、通信费、信息资源费、工资和工资附加费、物质材料消耗费、信息技术开发费、广告营销成本等。[38]

（6）营销利润指标

广播传媒的营销利润指的是扣除生产和营销成本后的用于国家、集体、个人进行利润分配的利润总量。广播传媒品牌利润来源，一是广告经营收入，二是多种经营收入，三是无形资产溢价。[39]

六、实例研究：山东人民广播电台品牌节目的创建

（一）山东人民广播电台品牌节目的培植

1. 山东人民广播电台总体情况

1948年11月8日，迎着新中国黎明的曙光，山东人民广播电台在解放济南的隆隆炮火声中诞生了。光阴荏苒，岁月如歌，历经几十年风雨，山东人民广播电台从建台初期的一个频道，不断成长壮大，目前已有新闻、经济、文艺、生活、交通、乡村、音乐、体育休闲8个专业频道，1套数字休闲音乐频道，共9套节目，以及网络电台——山东广播网（www. sdgb. cn）。8个频道全天播音213小时20分钟，发射总功率为781.3千瓦。节目覆盖山东省和周边十几个省市，并波及亚欧部分国家和地区。8个主流频道全部实现专业化、类型化运作，特色鲜明，已经形成了较为稳定的目标受众群，受众收听率和美誉度逐年提高。据山东省统计局及赛立信公司节目收听率情况调查显示，山东人民广播电台各个系列频道有效综合收听率为37.12%，满意度为88%。

据广州赛立信媒介调查公司数据，山东人民广播电台各频道市场份额情况如图6所示。

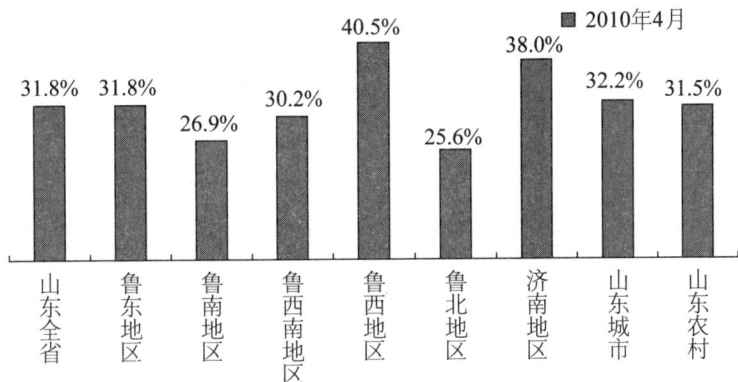

图6 山东人民广播电台各频道市场份额

  山东作为中国东部沿海开放地区和经济发达地区，社会生活、经济文化发展日新月异。近几年来，作为山东省主流媒体之一的山东人民广播电台，一直坚持解放思想，与时俱进，开拓创新，扎实工作，不断提高舆论引导能力，大力推进宣传创新和品牌化创建，大幅度提升媒体社会影响力；跟踪和利用数字新技术，努力构建以无线广播为基础，以互联网在线、多媒体为依托的多种传播形态相融合的现代广播体系。面对激烈的媒体竞争，坚持改革创新，矢志不渝地探索新时代广播的发展之路。

  近年来，山东人民广播电台把打造广播品牌节目作为广播发展的不竭之源，不断创新。目前，山东人民广播电台8个主流频道共设置近70个自办节目。其中一些品牌节目、品牌频道、品牌主持人脱颖而出，受到广大听众的喜爱，取得较好的社会效益。每年都有一大批节目获得中国新闻奖、中国广播电视奖、山东广播电视奖等政府大奖；一大批年轻的名记者、名编辑、名播音员、名主持人、名制作策划人和技术能手茁壮成长。近10年来，山东人民广播电台共荣获全国"五个一工程"奖5个，中国新闻奖15个，中国广播电视奖115个，省精品工程奖30个，山东省新闻奖293个，山东省广播电视奖1067个；向中央台供稿，连续10年名列前茅；享受国务院政府津贴4人，荣获范长江新闻奖1人，山东省泰山新闻奖3人，全国优秀新闻工作者5人，中国播音主持"金话筒"奖1人，全国广播电视百优节目主持人4人，百优理论人才1人，全国广播电视技术能手3人；在历次重大宣传战役中，荣立山东省二等功以上13人。自2001年来，山东人民广播电台已连续7年蝉联省直文明单位荣誉称号，连续三届获得全省新闻系统文明单位称号，2007年被评为省级文明单位，成为山东省新闻系统第一家。[40]

随着中国广播电视管理体制的改革，山东人民广播电台经历了由事业单位向企业化管理转轨，由政府全额拨款改为差额拨款，由事业经费支持到广告经营收入支撑的发展历程。近10年来，山东人民广播电台广告经营创收平稳持续增长。2008年，山东人民广播电台广告经营收入进入全国广播媒体广告收入前十强，近年来稳步上升，持续位居全国广播媒体广告收入十强之列。广告收入情况如图7所示。

（亿元）

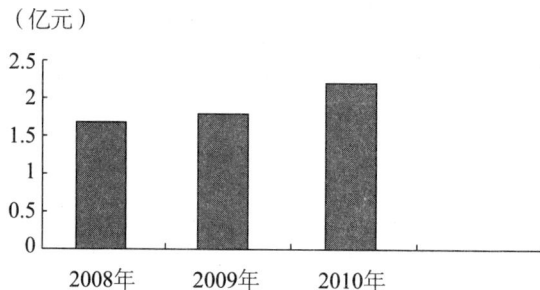

图7　山东人民广播电台广告收入情况

山东人民广播电台广告经营稳步增长，其动因主要有：

（1）正确处理社会效益与经济效益关系，充分发挥"喉舌作用"，确保舆论导向正确，积极弘扬社会主义核心价值体系，社会效益第一，经济效益第二。

（2）加快品牌建设，充分发挥媒体品牌作用和社会影响力。

（3）认真遵守《广告法》等法律法规，统筹媒体、广告主、社会三方关系，按照科学发展、可持续发展的思路，大力推进广告经营。

（4）不断转变经营理念，调整广告结构，积极推行广告代理制，大力加强广告经营管理，坚决抵制"三俗"，坚决杜绝虚假广告。

（5）处理好广告播出数量与节目数量的配比关系，"控制总量，均衡配置"。

2. 山东人民广播电台办台理念

山东人民广播电台历经60多年的发展，目前在山东地区其社会影响力、市场份额、广告收益都取得较大成绩。随着国内广播媒体的快速发展，先进数字传播技术的大量应用，全国文化体制改革步伐的不断加快，山东人民广播电台的内外环境都发生了较大变化。

首先，党和国家大力推进全国文化体制改革，对全国广播电视管理体制创新提出新的要求，着力推进广播电视媒体融合，加快发展广播电视产业，探索实行节目制播分离，广播媒体面临体制机制的再次创新。山东人民广播电台由差额拨款的事业单位转制为自收自支、自负盈亏的事业单位，不仅要确保发挥党和人民群众"喉舌"的功能，创造良好的社会效益，也要不断提升节目质量，不断提升社会影响力和媒体经营力，创造良好经济效益，确保自身的生存与发展。

其次，当代数字技术的广泛运用，使广播节目的制作、传输和管理业务流程发生较大变化，改变了原有内部格局，广播媒体特质、广播经营理念、功能定位、频道分工、市场对象、业务链接等各方面都发生新的嬗变。山东人民广播电台面对市场变化，必须适应变化，寻找对策方能发展，否则将被市场无情抛弃。

第三，山东广播市场媒体竞争日趋激烈，山东人民广播电台作为区域广播的龙头面临挑战。目前，山东地区中央台、省级台、市级台、县级台四级广播媒体混合覆盖，拼力厮杀，抢占市场，争夺广告份额。在残酷的广播媒体竞争面前，唯有求新求变，推进品牌经营，方能做大做强。

面对市场变化和体制改革的新的要求，山东人民广播电台追求广播的科学发展，转变经营理念，积极发展文化产业，快速发展技术事业，按照现代企业制度和产权制度的要求，转换机制，努力建立充满活力、具有竞争力、依托广播节目为产品的"特质"文化企业。确立了"立足山东，聆听世界，传承文明，服务大众"的办台理念，通过创新体制，建立符合市场要求的节目运营和广告经营的机制，集中优势，发挥特色，以打造创建山东广播品牌为突破口，寻求山东广播新的快速发展。

3. 山东人民广播电台听众构成

根据央视-索福瑞公司的调查数据，2010年山东人民广播电台综合听众构成及综合收听率如图所示：

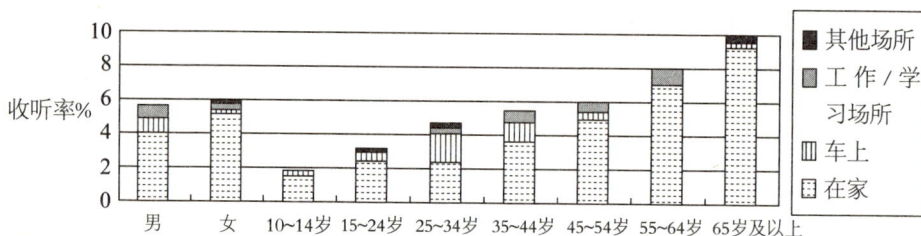

图8　山东人民广播电台听众年龄构成

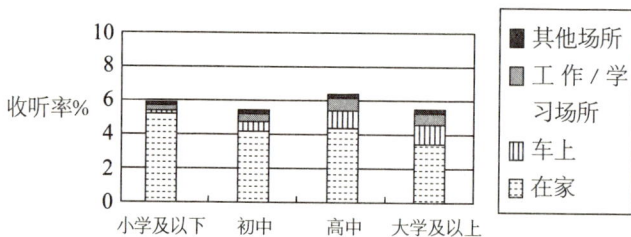

图9　山东人民广播电台听众文化程度构成

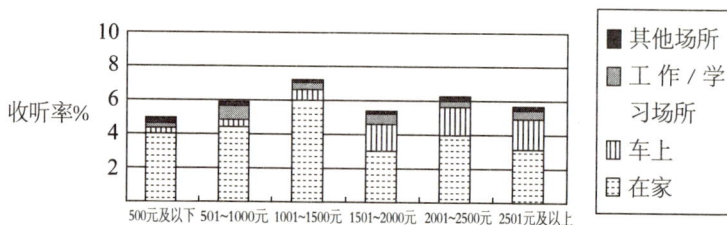

图10　山东人民广播电台听众收入构成

经过对以上数据的观察，可以看出，听众构成中，女性、中老年、中等学历和月收入为1001~1500元听众比例较高。老年听众、高中学历听众和月收入1001~1500元听众，更倾向于收听广播。收听率基本上随年龄增长而提高，收听行为主要在家中完成，车上次之。收听场所特征表现为男性、中青年、中高学历和较高收入听众车上收听率较高。高收入听众车上收听率明显高于低收入听众。在山东地区，广播的收听人群表现为以女性较多，中青年、老年、中低收入人群居家收听和较高收入的有车族车上收听较高的特点。所以山东人民广播电台所有频道的节目定位，应以通俗化、大众化内容为主，以移动收听、互动参与为主要特色，满足听众对新闻资讯、文化娱乐、生活服务等方面的不同需求。

4. 山东人民广播电台频道定位

追随国际广播的发展趋势，适应中国广播市场的发展变化，山东人民广播电台逐步在专业化、本土化、对象化、品牌化上有所突破，以积极合理分配资源，满足听众不同需求，提供专业化服务为宗旨，对各频道进行清晰定位。

（1）新闻频道

新闻频道体现"新闻"立台，"新闻个性，人文品质"是新闻频道的宗旨；"凝重、深厚、大气、快捷"是新闻频道的风格。以大新闻纵览全节目设置，强调新闻频道风格的统一协调。以最强大的主持人阵容、最热点的新闻话题、最快捷的新闻资讯，通过精彩播报、特邀嘉宾的精辟解说、全省乃至全国各地记者的及时连线，每天都会为广大听众送上最新最快最直接的新闻快餐。主要通过《山东新闻》《新闻早报》《新闻焦点》《阳光政务热线》《田园晚风》等节目，塑造"新闻频道——最值得信赖的声音"的媒体形象。

（2）经济频道

经济频道是财经服务专业频道，1993年5月1日正式播出。定位于金融、股市、房地产和商务,倾力打造财富传媒的经典品牌。《财富早班车》《林雨一刻钟》《大眼大嘴大脚丫》等优势节目,以权威快捷的报道内容,丰富多样的节目形式,凸显鲜明的财经专业频道特色、大气时尚的频道形象。

（3）文艺频道

是以文化娱乐为主要内容的专业频道。紧跟国际广播的新趋势,文艺频道从2002年起,在全国文艺广播中率先推出"FM97.5娱乐调频"的品牌概念,宽泛的主题、快乐的节奏、稳定通俗的风格,遵循主题多样化、内容娱乐化、听众多层次的媒体定位策略,为听众提供信息资讯、音乐文学、娱乐游戏和互动沟通等丰富多样的节目内容,着力塑造"文化使者,娱乐先锋"的媒体形象。

（4）生活频道

生活频道于1999年1月1日开播,以服务现代都市生活为定位,以传播现代时尚生活方式为宗旨,节目求新、求变,风格轻松活跃,把握都市的节奏和脉搏,捕捉生活热点和亮点,刷新受众听觉。追求新潮、现代的精神内涵,引领时尚、优雅的生活方式。

（5）交通频道

交通服务专业广播频道,关注移动人群和目标客户切身需求,努力铸造新锐时尚的媒体品质,打造讯息网强势、目标听众强势、资源整合和品牌锻造的强势,关注城市现代生活,倡导城市精英文化。代表性节目有《一路畅通》《1011资讯网》《肖大姐服务热线》。

（6）乡村频道

乡村频道于2003年10月16日正式开播,是山东省内唯一的专业对农频道,以服务三农为理念,主打绿色品牌。农业资讯,戏迷舞台,气象顾问,故事大全。主要服务山东农民,"感受山水田园的自然风光,体验农家小院的民俗风情,广袤大地上追寻人类祖先的足迹,收获喜悦中享受现代农业的文明"。

（7）音乐频道

是山东首家省级流行音乐专业频道，2004年12月21日正式开播。时尚、新锐，轻松伴随。全天24小时音乐主线，黄金比例音乐类型，专业团队高音乐素养，以最流行的音乐姿态及丰富的生活信息呈现都会风貌，紧扣15~45岁最具消费力受众族群的收听需求。

（8）体育休闲频道

是山东省内唯一以体育资讯为核心，以休闲产品为特色的新形态广播频道。以及时、专业、权威、全面，时尚、伴随、便民、动感，服务热爱体育、乐享健康生活方式的城市人群。

山东人民广播电台各频道定性分析，如表3所示。

表3　　　　　　　　山东人民广播电台各频道定性分析

频道类型	频率	品牌属性	主持人要求	品牌培养方式
新闻频道	AM918、FM95	权威、快捷，客观、准确，大气、庄重	字正腔圆，稳重老练，端庄大气	新闻节目化，风格统一，播报及时
经济频道	AM594、FM98.6	权威、快捷，贴心、周到	字正腔圆，亲和灵活	定位准确，节目优良，主持人明星化
文艺频道	FM97.5	快乐、丰富，个性、亲和	机敏、专业，富有个性和煽动性	定位准确，节目优良，互动参与，明星化主持
生活频道	FM105	新潮、活泼，贴心、周到	细致、亲和，准确、周到	定位准确，节目优良，主持人明星化
交通频道	FM101.1	权威、快捷，贴心、周到	清新、大方，亲和、灵动	定位准确，节目优良，主持人明星化

续表

频道类型	频率	品牌属性	主持人要求	品牌培养方式
乡村频道	FM91.9	权威、传统、贴心、周到	细致、亲和、准确、热情	定位准确，节目优良，主持人明星化
音乐频道	FM99.1	新潮、时尚、专业、权威	机敏、专业，富有个性和煽动性	定位准确，节目优良，主持人明星化
体育休闲频道	FM102.1	经典、快捷、专业、权威	机敏、专业、富有个性和煽动性	定位准确，节目优良，主持人明星化

5. 山东人民广播电台创新体系

创新是广播媒体发展的不竭动力，是广播媒体开拓市场的利器。近几年来，山东人民广播电台以打造品牌节目、品牌频道、品牌主持人为创新的目标，加强对内部创新工作的组织领导，加强对打造"三品"创新工作的业务研究，逐步形成了"一套班子、二级负责、三项目标、四项工作"的创新体系。

"一套班子"，即在台长领导下，总编室牵头组织专门创新机构，协调组织各部门开展创新研究和工作落实。

"二级负责"，即由台领导和各频道、部室领导分头负责创新工作，制定具体创新目标，各司其职，考核兑现。

"三项目标"，即把打造品牌频道、品牌节目、品牌主持人作为全台创新的目标，加强与三项目标相关业务流程、管理体系、运作流程、后勤技术保障等方面的研究。

"四项工作"，即围绕三项目标主要做好全员创新意识的形成、全员创新业务的理论学习、全员创新能力的激发、全员创新工作的管理等四项工作。

山东人民广播电台创新体系构成，如图11所示。

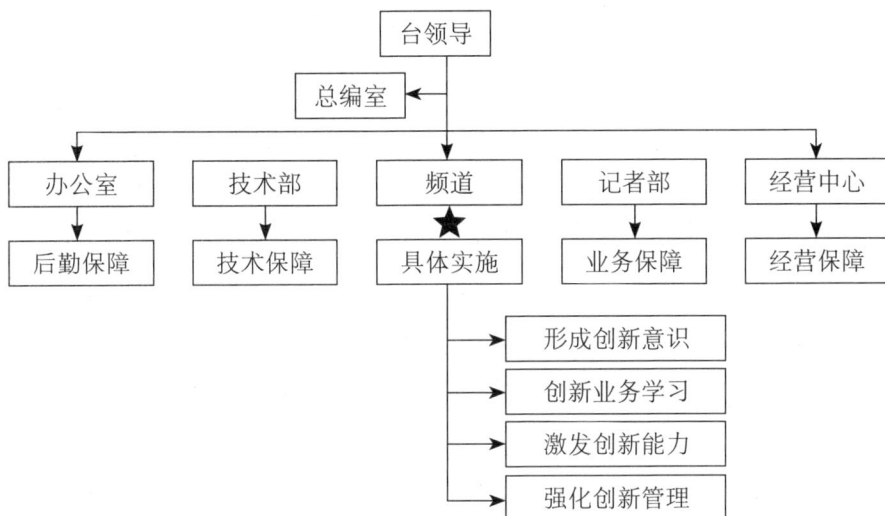

图11 山东人民广播电台创新体系

6. 山东人民广播电台考核和激励体系

山东人民广播电台的目标管理和评价体系采用绩效考核模式。年初制定年度总体目标，包括宣传指标、经营指标、管理指标。再分解到各频道，每个频道作为独立的运营主体，实行成本核算，绩效考核。下达给各频道的三项指标，均有具体的量化要求，按照不同权重进行考核，根据逐月完成情况和年终完成情况决定频道员工的报酬和奖励。频道再将指标进一步分解到各节目组，实行"分级管理，逐级考核"。

山东人民广播电台考核和激励体系，如表4所示。

表4　　　　　　　山东人民广播电台考核和激励体系

层级	主体名称	目标内容					
一级	山东电台	年度宣传指标		年度经营指标		年度管理指标	
二级	频道	宣传创优指标		经营创收指标		安全管理指标	
三级	节目科组	收听率	台内听评	日常听评	广告吸纳	社会听评	专家听评

科学公正的绩效考核管理体系，对于提升节目质量、激发媒体活力、提升员工工作积极性和业务能力，有着非常重要的作用。

绩效考核对频道的业绩评测，主要通过频道综合评价体系来完成。

频道综合评价体系主要有经营创收指标、宣传创优指标、管理和安全播出指标等三项内容。

（1）经营创收指标：权重42分

主要考核频道经营创收指标完成情况及广告的结构比例。

按照广告的不同经营主体实行分类考核。广告按照"考核指标"和"绩效目标"的分段递进方式向各频道下达。完成考核指标，得40分；未完成考核指标情况下，实际得分＝实际完成值÷任务值×权重40。

各类广告回款率均达到或超过计划值的，得2分；达不到计划值的，实际得分＝（该类广告回款率÷该类计划值×该类广告合同应收额占广告合同应收总额的比率）×权重2。

为客观评价频道的经营业绩与工作付出，对超额完成考核指标的频道，视超额完成"考核指标"或"绩效目标"的情况给予加分和奖励。

（2）宣传创优指标：权重33分

主要考核创优获奖和收听率。

凡达到或超过国家、部级、省级等规定奖项的，得5分；少于规定奖项的，按规定分值扣分。

频道收听指标（15分）：以索福瑞和赛立信2009年的平均值（各占50%）为各频道考核计划值。数据比例构成：综合收听率40%，市场份额60%。达到计划值的，得满分；超过或低于计划值的，按实际得分增加或扣除分值。实际得分＝（实际收听率÷计划收听率×40%＋实际市场份额÷计划市场份额×60%）×权重15分。

节目综合评估体系由6项数值构成，其中：收听数据50%，节目听评20%，广告吸纳量15%，专家听评5%，全省听评网5%，节目考评要素5%。

权重13分。

节目综合考评分为上、下半年各一次，节目最终得分按两次考评各占50%计算。优秀节目和不达标节目在该项分值的基础上按节目个数给予加分或扣分，每个优秀节目增加1分，每个不达标节目扣减1分。

（3）安全播出和管理指标：权重25分

安全播出指标考核以确保宣传导向正确和安全优质播出为出发点，预防发生宣传责任事故与播出责任事故。

实现上述目标的，得该项满分15分；出现下列问题的，酌情扣分：

① 宣传导向。违反播出规定和宣传纪律，发生严重宣传导向错误和其他宣传责任事故的，由台党委依照省局转发的广电总局关于《广播电视播出机构中违反宣传纪律处分处理暂行规定》精神做出组织处理，同时对单位和有关责任人扣除相应的分值。

对发生重大宣传导向责任事故的单位实行"一票否决"。

② 安全播出。（按广电总局关于停播、错播的最新规定执行）

停播的界定："凡不能按规定和程序播出、传输广播电视节目及信号，或因各种原因造成所播出的节目传输中断、错播或播出、传输效果相当于节目中断者，均为停播，对于节目中断后采取垫播措施的，垫播时长仍记为停播。但垫播的目的是积极挽救、减少停播的影响，在管理考核中按照停播时长的50%扣分。"

错播的界定："在规定播出时间播出非原定节目，包括由于节目制作、操作或技术等原因，使实际播出的节目内容不是指定播出的节目（不包括节目的临时调整）。错播时长将计入停播时长。"

重要保证期的扣分标准如下。因工作人员失职或操作不当（非技术设备原因）造成节目中断超过15秒的，为停播事故（自动垫播时长按50%扣分）。其中：15~30秒，每次扣0.1~1分；31~60秒，每次扣1.1~2分。1~2分钟，每次扣2.1~3分；同时扣除频道分管领导的1个月奖金，主要领导的

50%月奖金。2分钟以上的，每次扣3.1~10分（2分钟以上，每30秒扣除0.5分）；同时扣除频道分管领导的2个月奖金，主要领导的1个月奖金。

受到上级通报批评的重大播出事故，有关责任人另行给予相应的组织处理和经济处罚（下同）。

非重要保证期的扣分标准如下。超过30秒为停播事故（自动垫播时长按50%扣分）。其中：30~60秒，每次扣0.1~1分；61~120秒，每次扣1.1~2分。2~3分钟，每次扣2.1~3分；同时扣除频道分管领导的1个月奖金，主要领导的50%月奖金。3分钟以上的，每次扣3.1~8分（3分钟以上，每30秒扣除0.5分）；同时扣除频道分管领导的2个月奖金，主要领导的1个月奖金。

安全播出考核的扣分计入频道总分。凡在安全播出考核中扣分的频道，科级以下负有直接责任和相关责任的人员，由频道按内部绩效考核规定及时做出处罚。达到处罚标准的频道分管副总监或总监的月奖部分，在事故处理后的当月由台里即时扣发。

管理指标主要考核各频道成本控制水平与增效降耗情况。

凡实际支出比率达到或低于计划值的，得10分；实际支出比率超过计划值，实际得分＝权重10－（实际支出比率÷计划支出比率－1）×权重10。

如实际费用支出比例低于计划值，则实际发生费用支出额小于按照计划值计算的费用限额的差额，作为费用节约额，将其中的10%奖励给部门，用于购置办公设备。

绩效考核对节目科组的业绩评测主要通过节目综合评估体系。由6个指标构成：

第一，收听调查指标：是指由第三方媒介调查公司提供的收听率数据等客观指标。

第二，台内听评会指标：是指由台领导和各频道负责人组成的听评会对听评节目的评议得分。

第三，节目听评科考评指标：是指台总编室听评科专职节目听评人员每月对听评节目的评议得分。

第四，社会专家听评指标：是指从社会上聘请专家每月定期对节目的评议得分。

第五，千人听评网指标：是指从全省各地聘用1000名兼职听评员对节目的评议得分。

第六，广告吸纳量指标：是指自办节目吸引广告客户投放广告数量和价值的评议得分。

（二）文艺频道品牌节目培育

1. 文艺频道的基本情况

文艺频道是山东人民广播电台第一个专业化频道，1990年5月1日正式开播。调频广播，全省覆盖，自主经营，当时员工50余名，是一家以音乐、文学、影视、戏曲、曲艺为主要内容的专业化综合文艺广播电台。文艺频道创建伊始，就以丰富的节目内容、灵活的节目形式、贴心的服务特色，受到广大听众的欢迎和喜爱，其节目收听率、媒体社会影响力、广告经营收入呈现快速增长的势头。当时，与山东人民广播电台其他广播业务部门相比，其经济实力和员工收入都独占鳌头，成为山东广播媒体中的翘楚。

20世纪90年代末期，随着广播媒体的快速发展，广播媒体市场竞争加剧，交通频道、经济频道、音乐频道、生活频道等专业化新型广播不断出现，文艺频道出现了竞争力下降、发展停滞的局面。主要存在的问题有：

（1）随着国内文艺的繁荣，其他频道也开办许多文艺节目，文艺频道固有的独特资源优势丧失，原有听众分流。

（2）文艺频道员工老化，观念陈旧，无法适应和满足听众新的需求。节目内容和形式老套，对年轻听众缺乏吸引力。

（3）文艺频道收听人群集中在老人和儿童，最具购买力的社会中青年精英阶层收听较少。媒体对品牌广告客户缺乏吸引力，广告经营步履维艰。

2. 文艺频道的品牌延伸策略及方法

山东人民广播电台文艺频道所遇到的困难也是全国文艺广播媒体普遍存在的问题。随着广播媒体市场化运作逐步推行，文艺频道认识到品牌化运营是频道经营的有效手段，也是广播媒体生存与发展的必由之路，因此确立了以创建品牌频道为目标，对原有文艺频道进行品牌延伸的发展策略。

（1）细分市场，调整定位。在认真调研听众市场和媒体市场的基础上，将文艺频道的目标听众锁定25~45岁具有一定生活品位和购买力的中青年听众，引入"娱乐调频"的品牌概念，突出娱乐、服务功能，满足听众文化娱乐需求。

（2）创新编排，特色取胜。按照风格化、类型化广播的发展规律，创新节目编排方式，满足听众伴随性、移动性收听的需求，突出"快乐"风格，简化节目内容，突出独家资源优势，创造内容差异化竞争，塑造"快乐广播"特色。

（3）调整资源配置，适时改版扩容。密切跟踪听众需求和市场变化，发掘地域性、对象化、时尚感的活跃因子，以新颖理念、个性内容、活泼形式，促使节目更新换代，实现自我超越。

（4）落实绩效考核的管理模式，对频道内部管理、业务流程进行大胆改革与创新，激发员工创造力与积极性，全方位推进品牌建设。

（5）将广播节目品牌优势延伸到社会中去，注重各类社会文化娱乐活动的策划组织，提升媒体社会影响力，吸引更多听众的关注，提升听众忠诚度。

3. 品牌主持人的打造

优秀的节目支持人是品牌节目成功的保证和灵魂，是频道提升收听率和听众忠诚度的重要因素。文艺频道把品牌主持人的打造作为创建品牌频道的重要环节。

（1）引进优秀节目主持人

通过各种途径选拔节目主持人。2003~2007年，先后组织4次广播节目主持人大赛，在社会上、兄弟台中、大专院校毕业生中选拔优秀的年轻人充实到频道中，从事播音主持工作，以年轻的形象、动听的声音吸引听众。

（2）培养锻炼现有主持人

根据主持人的性格特点，配合节目设置综合定位，发挥主持人个性特长和工作主动性。经常性组织节目支持人外出学习、培训，创造机会让主持人参与一些重大社会活动、公益活动、文艺演出及其他媒体的节目和活动，提升节目支持人的社会知名度。

（3）重点包装推广主持人

借鉴艺人造星的运作方式，不断包装节目支持人。在各类节目中增加主持人的曝光频率，在节目版头、频道推广版、主题曲、广告歌中使用主持人的声音，让主持人在听众中耳熟能详，深入人心。通过媒体置换方式，在电视栏目、车体广告、楼宇广告、报纸杂志登载主持人照片，扩大主持人的知名度，还通过网页、微博、博客、播客、贴吧等互联网手段，拉近主持人与听众的距离，增加听众对主持人的好感，培养铁杆"粉丝"。

4.品牌节目的培植

品牌节目的培植是创建品牌频道的重中之重。节目不能因袭和模仿，必须有新的亮点，尊重听众收听需求与心理需求，与听众达成一种契约关系；必须符合频道的定位，体现频道的风格和特色。文艺频道在确立品牌延伸策略之后，围绕频道定位创新一批新形态新内容的节目。这些节目产品没有脱离开原有文艺特色，而是在原有特色内容基础上的延伸与开发，有计划地导入新的形态和内容的拓展，保持了听众对文艺节目的认知，减少了经营风险，加强品牌的活性，强化目标听众的偏好。《幸福放声唱》节目，是典型的成功案例。

（1）《幸福放声唱》节目的设置

音乐节目是文艺频道的骨干节目。音乐是供人们欣赏的，音乐是具有伴随性的，音乐可以记录往事，音乐可以沟通，音乐也可以收集感动。《幸福放声唱》节目就是在保持原有音乐元素基础上，发挥广播媒体互动参与的功能而创立的新形态大型音乐娱乐节目。《幸福放声唱》是一档全民参与的歌唱娱乐节目，是文艺频道倾力打造的"空中KTV（配有卡拉OK和电视设备的包间）"。听众拨通一个电话，任何人都可以参与，用快乐的歌声唱响幸福的乐章，充满笑声和感动的电波让欢乐可以分享，让忧愁可以分担。

（2）《幸福放声唱》节目的听众定位

《幸福放声唱》节目每天播出时长1个小时。目标听众定位为具有一定文化，中高学历，热爱生活，个性张扬的青年人和中年人。

（3）《幸福放声唱》节目培植方法

《幸福放声唱》节目2008年10月开播，收听率逐步攀升。听众的方便参与，音乐的选择播放，主持人的真诚与独特风格，受到听众的认可和喜爱。每日千余人次热线拨号，众多知名歌手倾力加盟，全省 800 余万忠实听众，使得《幸福放声唱》节目具备了培养成品牌节目的基础条件。

从2009年下半年开始，文艺频道将《幸福放声唱》节目作为打造品牌节目的目标，制定一系列培植措施和方法。

首先，在人员配备、制作经费、员工报酬、技术设备上倾斜，解除主创人员的后顾之忧，确保员工积极性和工作干劲。

其次，调整节目播出时间，将节目安排在黄金时段播出。

第三，及时收集听众反馈意见，适时对节目内容进行调整、充实，保持节目的新鲜感和感染力。

第四，制作一批节目衍生品，如文化衫、徽章、台历、文化帽、主题歌、DVD（数字激光视盘）等，激发听众参与热情。

84

第五，组织以听众及草根歌手为主角的"幸福歌会"系列活动，成为备受社会关注的音乐盛会。

第六，主持人积极参与并担任电视媒体音乐节目的评委，提升社会知名度。节目参与江西卫视"红歌会"山东赛区的选拔活动，并推出盲人歌手羽翼参与江西卫视"红歌会"的比赛。

第七，主持人参与策划电视节目。与山东有线电视综艺频道共同推出娱乐节目《六点不一样》，并担任节目主持，让广播节目延伸到电视节目中去，通过电视媒体进一步拉升《幸福放声唱》节目的影响。

（4）《幸福放声唱》节目的成长与回报

《幸福放声唱》节目开办仅仅两年，收听率、市场份额节节攀升。根据广州赛立信媒介调查公司的统计，2010年4月，该节目进入全省广播音乐娱乐类节目十强；"百度"该节目贴吧"娱记杂货铺吧"用户点击量突破10万大关，成为山东广播媒体网络影响力最大的节目；品牌广告吸纳量超过100万元，成为山东人民广播电台唯一一档由企业冠名播出的音乐娱乐类节目。许多听众自费购买收音机、钻石等物品，提供给节目作为奖品；制作食品、购买补品，赠送给主持人，主持人成为听众的知心朋友。

5. 文艺频道效益评价

文艺频道引入"娱乐调频"的品牌概念之后，通过对频道的重新定位，持续打造品牌节目和品牌主持人，借助原有的、已建立的文艺广播的地位，用富有特色的娱乐节目产品转移进入细分目标听众市场中，从而占领更大的市场份额，实现了社会效益和经济效益的双丰收。广州赛立信媒介调查公司2008年1月至2010年7月的调查数据显示：

（1）综合收听率一直保持山东广播媒体前列；重度听众中，25~45岁，月收入2001~2500元的听众，大学以上学历听众，车上收听最多。

（2）中青年听众收听人数占总收听人数的90%，中青年听众收听率在山东广播媒体中名列第一。

（3）黄金时段节目收听率，在山东广播媒体中位列第二。

（4）广告经营收入每年平均以20%左右增幅递增，位列全国同类广播媒体前三甲。

（三）文艺频道成功的启示

1. 全方位强化品牌意识

文艺频道经历过发展停滞、萎靡不振的窘境，所以对品牌发展充满梦想和期待，品牌意识不断成为全员共同关注的重点，逐步把品牌意识上升为质量意识、敬业意识、市场意识，并且把品牌意识落实到实处。首先，在具体工作中把品牌意识深入到频道宣传、经营、管理的全过程。按照品牌发展的总体要求，细化成各个环节，各个部门的工作职责和具体量化要求，每月考查汇报，每个环节每项工作都要落实到位，精益求精。其次，通过各种学习班、办公会，大力宣讲打造品牌对于媒体发展和个人素质提高的密切关系，让员工深切体会到每一个工种每一个人都是频道发展环环相扣的"齿轮"，每个"齿轮"高效运转，才能确保频道品牌建设这台"机器"的快速运转，让品牌意识深入人心。第三，加强日常工作监督，有错重罚，确保日常工作保持较高水准。第四，及时跟踪听众意见，注重社会反馈，调整改进工作。第五，优化资源配置，向重点节目和项目倾斜，以质取胜，重点突出，起到先进典型引路，先进带后进的作用。

2. 细分营销，定位明确

文艺频道原来是一个涵盖内容丰富，听众面广的综合文艺电台，目标听众市场不明确，在引入"娱乐调频"品牌概念后，对频道节目内容大量删减，听众目标市场确定为25~45岁中青年群体。根据频道定位确立了媒体"快乐广播"的风格，创办一批符合目标听众需求的娱乐服务类节目产品，对频道和节目进行一系列的推广和包装，确立和传播了这类产品在目标市场上的特色和价值。

3. 满足目标听众愿望，以特色取胜

随着广播媒体不断增多，听众收听选择的机会不断增加，而听众选

择收听一家电台，主要是满足自己想要一些"不一样的东西"的愿望。文艺频道在延伸出"娱乐调频"品牌概念之后，将骨干内容范围框定在以下几个方面：能给听众带来欢乐的相声小品笑话类节目；能给听众带来谈资的文化娱乐八卦和名人行踪的资讯节目；能给听众带来欢乐参与的互动节目；能满足听众猎奇心理，亢奋愉悦的故事节目。这样使得文艺频道的节目在本区域内保持独特性，既满足目标听众的消费愿望，又保持了听众对这一品牌的忠诚。

4. 充分发挥媒体自身优势

作为传统媒体，广播有很多优势，满足听众互动参与是其独特优势。目前，听众收听广播的动因，除了接受信息，获得娱乐和服务之外，参与广播节目，发表观点，情感倾诉，展现才华，是中青年听众的主要目的。文艺频道在节目设置上，所有自办节目充分利用短信互动、网络贴吧、热线电话等手段，丰富节目内容，拓展节目形式，调动听众参与热情，满足听众参与广播、表达个性的愿望。

5. 创新的管理和严格的质量控制

文艺频道品牌打造改变了传统的节目制作流程和管理流程，改变过去自给自足、小作坊式的节目生产模式，培育和创新管理的办法，用以提高品牌资产，扩展产品使用范围，及阻断竞争者。通过运作流程的规范化，保证节目、频道的工作质量、风格、形式的一致性，确定了在目标市场上的立足点，从而在听众中建立起品牌信任度，提升了听众忠诚度。

七、结束语

如果仅从媒体社会影响力和广告经营规模而言，与电视、报纸、新媒体相比，国内广播目前尚属于弱势媒体。其中原因，除了媒体自身的局限外，最主要的是长期以来国家对广播媒体管控较严，体制陈旧，机制不活，活力不足；媒体发展历史长，观念更新慢，人员包袱重；媒体投入少，市场垄断封闭，竞争反应滞后，生存压力小。在文化体制改革和新闻改革浪潮中，广播媒体一直处于小步慢跑、被动跟进当中。然而，广播传媒人从来不缺乏忧患意识和创新精神，当广播传媒面对日趋激烈的竞争，经受市场洗礼时，开始懂得研究市场规律，懂得从企业发展中借鉴智慧，懂得了塑造品牌、经营品牌、管理品牌。近几年来，国内广播界对品牌的认识在不断加深，激烈的市场竞争催生了广播媒体对品牌定位，听众细分，频道专业化、风格化、类型化、品牌化的思考和实践，开始了对广播媒体品牌发展的策略、方法、管理、营销的研究，体现着国内广播媒体对竞争与发展的不懈探索与追求。正因为如此，本人以20余年的广播从业经历，对广播发展的日常思考，结合所学到的经营管理等方面的知识，试图探究广播媒体如何在市场竞争中求得更快发展，从广播媒体品牌开发的角度研究广播媒体如何在市场竞争中取得优势。然而，由于本人学识尚浅，水平有限，对广播媒体品牌开发策略的研究集中在广播媒体品牌的确立、创建、营销这一小部分，广播媒体品牌开发还有广泛而深刻的内涵，仍有相当复杂的问题亟待破解。本文仅就一些普遍存在的问题做了一点尝试性研究。

虽然如此，本文所做的探讨性研究和创新点如下：

第一，从对品牌相关理论和媒体品牌研究成果的梳理中，提炼出广播传媒的品牌概念、内涵、特征和构成要素。

第二，以广播传媒的运作机制、体制变革、管理模式、运作机理为依据，创新性地提出了广播传媒的品牌在创建和营销过程中应普遍采用的路径和方法。

第三，创新性地提出了广播传媒的品牌整合营销策略和整合营销组合。

第四，建立了广播传媒的品牌评价体系。

第五，以山东人民广播电台品牌节目创建为例，做了实例研究。

参考文献

［1］支庭荣，章于炎. 电视与新媒体品牌经营. 北京：中国人民大学出版社，2007.

［2］余明阳. 品牌学. 合肥：安徽人民出版社，2002.

［3］克里·莱兹伯斯等. 品牌管理. 李家强，译. 北京：机械工业出版社，2004.

［4］余明阳. 品牌学. 合肥：安徽人民出版社，2002.

［5］汤姆·邓肯，桑德拉·莫里亚迪里. 品牌至尊. 北京：华夏出版社，2000.

［6］李凤奎. 图书品牌与出版发展. 编辑之友，2002.

［7］韩世友. 如何打造有生命力的运动品牌. 中国市场，2004.

［8］常永胜. 品牌形象与形象代言人的作用机理. 商讯商业经济文荟，2004.

［9］曾丹. 从"西部名城"到"魅力城市"——谈央视. 电视研究，2005.

［10］余明阳. 品牌学. 合肥：安徽人民出版社，2002.

［11］商务部"品牌万里行"活动. 人民网.

［12］David A Aaker. The guru guide to marketing: a concise guide to the best ideas from Tode's top marketers. John Wiley&sons，2002.

［13］Sam Hill，Chris Lederer. The infinite asset managing corporation . 2001.

［14］周鸿铎，胡传林，邢建毅. 传媒经济. 北京：北京广播学院出版社，1997.

［15］徐永新. 论主流媒体品牌战略的时代价值. 新闻实践. 2009（4）.

［16］薛可，余明阳. 媒体品牌. 上海：上海交通大学出版社，2009.

［17］中共山东省委宣传部. 打造齐鲁文化品牌　加快文化强省建设. 济南：山东人民出版社. 2009.

［18］李磊. 外国新闻史教程. 北京：中国广播电视出版社. 2001.

［19］袁军，哈艳秋. 中国新闻事业史教程. 北京：中国广播电视出版社. 2001.

［20］袁悦秋，赵炳旭. 广播电视节目管理. 北京：北京广播学院出版社. 1999.

［21］黄静. 多元经营企业如何打造品牌整合优势. 商业经济与管理. 2006.

［22］孙在国. 论品牌核心价值的塑造. 商业时代. 2005.

［23］覃光广等主编. 文化学词典. 北京：中央民族学院出版社. 1988.

［24］［25］郭振玺，丁俊杰. 影响力营销. 北京：中国传媒大学出版社. 2005.

［26］菲力普·科特勒. 市场营销学导论. 北京：华夏出版社. 2001.

［27］乔治·E 贝尔齐. 广告与促销——整合营销传播展望. 长春：东北财经大学出版社. 2000.

［28］周鸿铎，胡传林，邢建毅. 传媒经济. 北京：北京广播学院出版社. 1997.

［29］朱辉宇. 电视传播过度娱乐化的道德审视. 当代电视. 2002（12）.

［30］郭镇之. 舆论监督与西方工作者的专业主义. 国际新闻界. 1999.

［31］黄晓芳. 公信力与媒介的权威性. 电视研究. 1999（11）.

［32］刘燕南. 电视收视率解析. 北京广播学院出版社. 2001.

［33］墙国华. 收听率指标的计算与应用. 中华广告网.

［34］［35］陈叶红. 节目满意度调查方法和应用. 中国广播调查网.

［36］郭振玺，丁俊杰. 影响力营销. 北京：中国传媒大学出版社. 2005.

［37］周鸿铎，胡传林，邢建毅. 传媒经济. 北京：北京广播学院出版社. 1997.

［38］［39］国家广电总局. 广播影视管理使用手册. 法律出版社. 2010.

［40］山东人民广播电台. 山东人民广播电台简介. 内部资料. 2010.

（2010年10月）

山东省级广播电视媒体品牌的建设与管理

　　近几年来，我国广播电视产业强劲发展，媒体竞争日趋激烈，广告营销全面升级。广播电视媒体如何发挥优势，发掘品牌资源参与竞争，成为国内广电行业热门话题。在激烈的市场竞争中，省级广电行业认识到，要在多元竞争中生存与发展，必须加强品牌的竞争力，品牌才是核心竞争力，品牌化是广播电视生存与发展的必然选择。省级广播电视开始步入品牌发展的新时代。

　　广播电视媒体品牌是在广播电视传播或营销过程中形成的一个将品牌要素、符号体系、受众、受众与组织关系利益人联系起来，为广播电视媒体自身和受众带来溢价和增值的一种物质和信息存在。广播电视品牌能够增加传播效果，增强竞争力，取得良好社会效益和经济效益。具体包括五个方面：一是整合效应，最大程度整合品牌资源，优化资源配置；二是聚集效应，有效吸引人流、物流、资金流、信息流；三是增值效应，大幅提升产业增值能力，实现利益最大化；四是辐射效应，带动形成文化产业链条，拓展市场发展空间，催生新的市场主体；五是放大效应，扩大区域文化的影响力和知名度，增强文化综合实力和竞争力。省级广播电视媒体品牌建设，应该在统一品牌号召下，在统一组织机构的协调配合下，将现有资源充分整合，减少重复消耗，节约增效，实现媒体自身品牌增值，进而带动相关产业发展，提升广播电视品牌品质和实力，加快广播电视事业全面、快速、健康发展。

一、山东省级广播电视媒体品牌建设基本情况

山东省级广播电视目前涵盖广播、电视、电影、传播网络，兼营报纸杂志、音像出版、互联网等相关产业。目前，山东人民广播电台拥有新闻、经济、文艺、生活、交通、乡村、音乐、体育休闲8个专业频道和1个数字音乐频道，通过卫星传送，网上实时广播，每天播出节目时长达238小时；山东电视台拥有卫视、齐鲁、农科、体育、公共、少儿、生活、综艺、影视、海外频道10套电视节目，每天播出节目时长达377小时。2009年，山东省级广播电视媒体经营收入27.2亿元，其中广播电视广告收入18.7亿元。广播收入2亿元，位列全国广播广告经营收入第9位；电视收入位列全国电视广告经营收入第7位。在品牌建设上，从2007年起，山东人民广播电台提出打造"品牌节目、品牌广告、品牌频道"的"三品"战略，逐步建立和完善相关机制，实施绩效考核办法，完善节目评估体系，促使各专业频道着力打造具有市场潜力的品牌节目。山东电视台立足原有品牌优势，扩大品牌效应，积极创建多个节目制作和营销公司，突破原有体制，实现制播分离，逐步分流人员，提升品牌建设造血功能，不断扩大媒体影响力和经营力。山东电视台围绕"情义"定位，以主旋律和鲁派风格推出一批品牌节目和活动。如《天下父母》被中宣部确定为道德教育典型栏目；《新杏坛》以鲜明的齐鲁文化特色，引起广泛关注；《拉呱》在全省刮起民生新闻旋风，成为全国民生类新闻优秀节目……这些成绩和亮点促进山东省级广播电视媒体品牌建设的发展，品牌节目、品牌频道和品牌活动不断涌现，说明山东省级广播电视媒体已具备品牌建设和发展的良好基础和发展环境。

二、山东省级广播电视媒体品牌建设发展方向和措施

借鉴国际电子传媒品牌建设的成功经验，山东省级广播电视媒体品牌建设，应以品牌战略为指引，以品牌资产为核心，围绕创建、维护和发展品牌这一主线，综合运用各种资源和手段，以达到增加品牌资产，打造强势品牌的目的。结合具体工作实际，当前应着力做好以下几个方面工作。

1. 强化品牌意识

在当今激烈的媒体竞争中，品牌已成为广播电视业制胜的法宝。品牌意识也是质量意识、敬业意识和市场意识，是品牌产生的推动力。品牌意识是个宽泛的概念，也是全方位的系统概念，要真正落到实处，必须把品牌意识深入到媒体生产经营管理活动的整个过程中，贯穿每个环节；品牌意识不仅仅是部分人员的意识，而是全员的意识，应当将品牌思想落实到文字上，研究制定品牌管理手册，细化品牌管理流程，让每个岗位员工心中有数，身体力行。

2. 准确定位，寻求品牌发展空间

品牌定位是建立一个与目标市场有关的品牌形象的过程和结果。正所谓"定位定天下"。作为一个省级广播电视媒体，其生存环境复杂，品牌经营范围较大，要涉及受众市场、竞争者、自身品牌等多个维度，定位是个复杂的系统工程。山东广播电视合并为山东广播电视台后，应该着手研究整体品牌定位，将广播电视不同定位的频道统一规划到这个大品牌上来，努力将山东广播电视台建设成为国内一流的全媒体现代化的传媒机构。然后，通过一系列措施固化受众和社会对品牌定位的认知。比如推出和打造品牌节目、品牌节目主持人群体；实施高质量、大规模品牌社会活动；加大落地覆盖；制定完整的视觉识别和听觉识别系统，通过各种媒介和手段对整体品牌进行全方位推广宣传。

3. 快速升位，提高品牌影响力

品牌升位就是通过不断地自我更新，实现品牌从内到外的整体升级。通过创新性的品牌营销，不断提升自身品牌价值，在竞争中占据最有利位

置，扩大市场，跻身上层，成为顶级品牌。

山东广电应在对品牌资源进行系统分析的基础上，按照品牌精致化的总要求，进行品牌核心升位工作，包括品牌名称、外在感官、品牌定位、核心价值、品牌内涵、品牌宣传语等方面。在品牌核心升位中，重点做好以下几个方面工作。

首先，要按照总体品牌定位，合理规划广播电视各系列频道的定位。及时了解受众需求，根据市场变化，结合自身实际，适时对各系列频道进行全新准确的定位，形成资源共享、差异化布局、对象性服务的广播电视频道群，保持频道子品牌的新鲜感和时尚感，打造具有本土特色，有一流水准，有较高品位，有丰富内涵的广播电视频道。

其次，体制创新，激活员工工作热情，提升节目质量。将频道作为责任主体，实行频道负责制，给予频道一定的用人权和分配权，实行全新的内部分配制度，打破编制内编制外身份界定，打破员工工龄长短的界限，鼓励争先，激励创新，实行按劳分配、优质优价，吸引更多优秀人才为我所用，人尽其力。在广播电视节目创作上，多从功能性和情感上下功夫，让受众不仅喜欢而且产生依赖感。

第三，坚持媒体社会责任，增强节目公益性。公益行为最容易树立品牌良好形象，获得良好的品牌美誉度。公益行为的受益者往往成为口碑的传播者，山东广电应该将媒体社会责任落实到具体行动中，推出系列公益行动。各节目也要多与社会公益事业对接，通过各个系统体现山东广电对社会的贡献和热忱。

品牌建设是个系统工程，而且在运行中会不断变化，还需要有品牌管理、品牌推广和维护、品牌危机管理、品牌合作与嫁接、品牌延伸、拉长和丰富品牌产业链等等相当多的工作来完善。期待山东省级广播电视媒体加快品牌建设，准确定位，科学管理，更快发展。

（2010年10月）

第二辑　他山之石

台湾广播业考察报告

一、台湾广播业的发展现状

台湾广播业十分发达，同业竞争非常激烈。台湾全岛只有2300万人口，大大小小的广播电台却有170多家，还有近300家没有注册的地下电台在播音。整个台湾岛电台林立，空中电波密布，在台湾的政治、经济、文化生活等方面发挥着重要作用，以信息传达快捷、反映民意直接生动，深受公众欢迎。

在台湾，无论中波还是调频，不论在发达城市还是在偏远地区，只要稍微移动收音机的调谐钮，便能收听到一家电台的信号。从低频到高频密密麻麻分布着许多电台，而且各电台的节目声音清晰，内容五花八门，丰富多彩。有闽南语，有普通话，也有当地方言；有新闻台、教育台、音乐台、交通台，还有广告台、宗教台、卖药台等等。

台湾广播业经历了由"管制"到"解禁"的嬗变的过程。解禁后的台湾广播均采用股份制形式，建立一家广播电台就像注册经贸公司一样简单，许多富人或企业纷纷参与投资建立广播电台。台湾广播无论是大台还

98

是小台，老台还是新台，大量采用数字技术传输，中波、调频混合覆盖，以调频为主。主要电台在各地建有分台，共同构成覆盖全岛的广播网。许多电台非常重视网际传播，网络广播也很发达。

二、台湾广播的品质——大众化

台湾广播的节目形态与内地广播相似，并没有更超前、更新颖火爆的新形态。新闻、热线参与和文艺节目深受听众欢迎。台湾广播新闻资讯功能相当大。新闻传播快捷、信息量大，特别是新闻广播，全天24小时滚动播出发生在台湾和世界各地的信息，在台湾的媒体中格外抢眼。台湾广播与报纸和电视等媒体间的融合与互动非常普遍，各大报纸会把最新的报样无偿地传给广播电台，电台的新闻直播室里悬挂着多台电视机，电视里一旦播出最新资讯，新闻主持人会马上插播出去。同样，广播中播出的最新报道也会成为报纸和电视的素材。台湾广播人一直坚守这样的信念：报纸报道昨天的新闻，电视报道今天的新闻，广播报道现在的新闻。正因如此，台湾广播在政治、经济和社会生活中发挥着信息传播快捷这一优势。即使在电视和报纸都很发达的情况下，广播依然有很大的生存空间。

台湾的广播电台，虽然有各自的政治倾向，面对激烈的竞争，为了生存和发展，无论新生的还是老牌的，都把追求经济利益作为主要目的，节目内容和形式更多地表现出浓厚的商业化色彩。各个节目淡化宣传味，杜绝说教味，处处洋溢着服务社会的热情和人文关怀，有较强的亲和力。虽然有些电台依靠财团支持，衣食无虞，但为了证实自己的客观、中立，也不得不从善如流，以节目的亲和力赢得收听率。

在台湾，情感热线以及热线参与的新闻话题节目最为火爆，各广播电台几乎都设立了此类节目，节目主持人极力迎合听众的口味，有些节目不免低级趣味，甚至恶俗，但是，广播媒体对听众市场的重视由此略见一斑。

三、台湾广播的路线——专业化

台湾广播发展深受欧美一些国家和日本的影响，与世界同步。面对竞争，为赢得市场，普遍采取专业化运作、分众化服务。频道的定位和节目的设定完全对象化，有什么样的听众就设立什么样的节目，听众想听什么就播什么，有极大的灵活性。在台湾最大电台——"中国广播公司"，有两个频道的运作给我们留下深刻印象。

"中广新闻网"是全天24小时不间断播出各种新闻信息的专业频道。节目主要是"新闻＋专题"，与内地广播的新闻频道类似。在节目设定和运作上，"中广新闻网"却有全新思路。新闻播报采用时钟规划，听众听新闻不必等，打开收音机随时听，最新焦点新闻不漏听。在1个小时新闻节目中，时间尾数8分（8、18、28……）播出股市即时资讯，逢16、36分播出交通路况，逢15、45分播出最新体育赛况。节目编排上，可以打破新闻与专题的界限，按照新闻事态发展滚动播出。这样全天节目浑然一体，突出了新闻专业频道的特性。

"中广流行网"是一个全天24小时播出各类流行音乐节目的专业频道。它锁定最前卫的时尚群体，精心按照这些听众的爱好和习惯设计节目，真正做到了听众喜欢什么就播放什么。鼓励节目主持人张扬个性，名牌主持人对节目的变动有较大的权利和自由。

当然，台湾广播的专业化运作并非尽善尽美，节目往往拖沓、冗长，缺乏深度，制作不精。这或许与台湾广播节目制作讲究成本核算有一定关系。

四、台湾广播的运作——市场化

台湾各家电台除了自办新闻外，其他类型节目均向社会上的制作公司订购或由其承包，实行制播分离。台湾广播电视节目制播分离制度已经运作得相当成熟，大大小小节目制作公司有很多，多数由广播电台资深主持人、记者组建。他们熟悉广播的节目要求和运作流程，容易追随广播的发展，有创意地制作出受听众欢迎的节目。他们通过承包时段或出售节目的方式，参与台湾广播的发展，并因此受益。广播的社会化参与，使广播电台的组织结构得到简化，设备投入少，从业人员精干，经济效益高。在台湾对各个广播电台的考察中，我们发现无论大台还是小台，在老板与员工之间的中层只有一个新闻经理和节目经理。新闻经理全权负责新闻节目的采、编、播，节目经理则全权负责与节目制作公司的人打交道，负责采购和承包节目的审听和播出。节目运行管理的层次和责任变得简单而明确，工作效率会大大提高。

作为大众传播媒体，台湾广播业的发展必然受到当地政治、经济、社会生活的影响。如今，台湾的政治派别斗争激烈，经济持续衰退，"舆论自由"严重失控，新闻炒作泛滥成风，加剧了台湾媒体间的竞争和生存压力，也促使台湾广播不断求新求变。台湾的同行说，台湾广播就像服装界一样，一直变化不停。

此次宝岛之行，耳闻目睹，坦诚交流，使我们对台湾广播有了以下几点认识：

第一，台湾广播业的功能突出表现在3个方面，即新闻资讯功能、商业服务功能、娱乐功能。

第二，台湾广播走专业化路线，按照特定收听群体的要求精心打造节目，实现"窄播化"服务。

第三，台湾广播普遍实行多元化经营，不以广告作为唯一的收入来源。

例如，台湾"中国广播公司"2001年经营总收入30亿台币（约合4亿人民币），广告收入仅占总收入的1/3。其他收入来自投资百货公司和开办KTV公司，向社会出租练歌房等收益。

这些经验对于我们在媒体竞争日益激烈的情况下如何做大做强山东广播有一定启发和借鉴作用。

（2002年1月）

江苏广播电视总台改革与发展考察报告

近10年来，江苏广电总台优质高速发展，从成立之初处于全国省级广电媒体中相对落后的位置，到今天成为全国领先，赢得了业界的广泛认可和充分肯定。江苏台发展思路超前，体制改革彻底，战略规划清晰，内部结构设置合理，企业化精细管理成效显著，事业、产业全面发展，职工充分享受到改革发展的成果，有很多经验和做法值得学习和借鉴。

一、江苏台基本情况

江苏省广播电视总台（集团）成立于2001年6月，由原江苏人民广播电台、江苏电视台、江苏有线电视台等20多个单位合并组建而成。目前，总台开播14个电视频道，其中江苏卫视（标清、高清）、优漫卡通卫视为上星频道；拥有11个广播频率，开播10套广播节目。除此之外，江苏广电总台（集团）还拥有报刊、影视动漫、院线影城、家庭购物、学校、新媒体等业态，并投资15亿元成为江苏省有线网络公司第一大股东，是广播影视业务链最完整的省级广电媒体之一。江苏省广播电视总台（集团）现有员工近5000名，建设了国内领先的全台制播系统和媒体资产管理系统，江苏卫视覆盖人口超过10亿。江苏未来影视文化创意产业园建设有序推进，逐步投入使用。2011年，江苏广电总台（集团）实现经营创收和固定资产"双百亿"，连续第八年入选"中国500最具价值品牌"，在所有入选的广电媒体中排名第三位，居省级广电媒体第一位。

1. 体制改革比较彻底

江苏省广电体制改革进行得比较彻底，江苏省委、省政府高度重视并对江苏台的发展给予了大力支持。江苏台与江苏广电局在2001年分离之初，就已经通过文件的形式，对台局关系以及上缴任务等，进行了明确与定位。省广电局主要负责全省广电行业的管理，是政府职能部门和管理机构。总台（集团）具体承担新闻宣传、产业经营、国有资产保值增值等任务，是运作实体。江苏台在迅速发展的过程中，也在财政、税务方面争取到了相当有利的相关政策支持。分立开始，江苏广电台就成为了省财政一级预算单位，部门预算及部门决算都是直接面对财政。2011年开始，江苏广电台实行了彻底的企业会计核算制度，已经与省财政彻底脱钩，并争取到了省级税务部门对于企业所得税的减免扶持政策。

总台和集团同时成立，两块牌子，一套班子，一个法人代表，重大战略决策均由总台党委会集体研究决定。省政府授予集团国有资产投资主体职能，经营总台及其下属单位的国有资产。局台分开和集团成立，使江苏省级广电较为彻底地实现了政事分开、政企分开、管办分开，并确定了"以事办企、以企壮事、共同发展、良性循环"的格局。总台和集团的架构，能够长袖善舞，进退自如，有利于充分发挥广电双重属性（事业属性以及产业属性）和双重职责（新闻宣传职责及公共文化服务职责），为江苏省级广电推进新闻宣传和产业经营工作"两分开、两协调"打下了良好基础，为推进省级广电资源整合创造了良好的条件，也使得江苏省级广电的管理平台得到优化，夯实了江苏广电总台（集团）的发展基础。

2. 建立全面战略规划体系

江苏台注重加强全面的战略管理，建立了三年一战略规划的制度体系，成立了由台领导、各部门负责人组成的目标管理小组和专门的战略规划部（归办公室），先后聘请了十余家专业咨询公司一起进行发展谋划，包括组织架构、战略规划、人事管理、节目创新、频道定位、投融资、品牌建设等方方面面。每年的8、9月，目标管理小组在台内外深入调研，起草下一年度的《工作思路》。10月底、11月初，召开为期3天的年度工作务虚会，组织中层以上干部和业务骨干对《工作思路》进行深入讨论，形成下一年度的《工作要点》，基本明确全年工作的指导思想、奋斗目标、重点项目和保障措施。

经过对内外部环境和资源条件等诸多方面较为系统的分析和研究，江苏台制定了新闻宣传和产业经营战略发展规划，明确了具体的战略愿景和目标（做优江苏，做强华东，率先全国，走向世界），提出了"三个致力一个努力"的战略定位（致力于建设主流舆论阵地，致力于打造"幸福"工程，致力于做强做优市场主体和努力建设骨干传媒文化机构），确定了四大战略目标（新闻宣传大跨越，内容优势大拓展，品牌影响大提升，产业经营大增长），提出了发展路径上的六大战略转型（由公益宣传事业单位向公益性事业产业主体的传媒文化集团的转型，由广电播出机构向播出业、制作业、传输业等实体产业的转型，由行政主导型事业单位向行政主导事业模块、市场主导产业模块的转型，由单一广告盈利向多产业集团运作的转型，由传统媒体向综合新媒体的转型，由单一制作实体向实体经营资本运作的现代经营管理模式的转型），将业务划分为核心业务、成长性业务和种子业务3个层面，分别采取了不同的战略措施，确保"十二五"期末经营总收入达到200亿元，冲刺250亿元，经济实力进入全国传媒文化机构领先行列。

3. 实行企业化精细管理

（1）组织架构

以战略规划为基础，江苏台构建了以事业部制为主的矩阵式组织架构，按业态和功能划分九大事业部（广电新闻中心、电视传媒中心、广播传媒中心、广电技术中心、影视中心、网络中心、报刊中心、后勤服务中心和教科中心），并进一步划分为事业性、综合性、产业性和支持服务性四大类事业部，采用不同的管理方式，科学合理的组织架构、职责分工和运作流程，推动各项工作的高效运转。

（2）管控模式

与组织架构相配套的是管控模式，从"火车头"模式向"联合舰队"的模式转化。江苏台虽然也是公益类事业单位，但其大量采用了预算管理、绩效管理、定量管理、成本管理等现代企业化管理工具。在做好公共事业管理的同时，更做好精细化管理以及内部成本核算体系。从2011年开始，全面实现完全的企业财务会计制度，科目设置以及费用成本核算完全按照企业会计制度进行。相应频道部门的直接成本、间接成本以及期间费用等，都可一目了然地在账务系统中直接体现。

江苏广电台采取扁平化管理结构，广播、电视以及影视制作、新媒体等大事业部采取独立财务核算，最终在总台层面进行合并报表控制。各事业部的财务主管由总台财务部委派。内部成本核算模式下，根据具体成本核算对象类型的不同，对于现有频道、部门分别划分为纯行政部门、有内部收费业务的管理部门和节目制作部门、频道三类，分别被界定为任务成本中心、模拟利润中心以及完全利润中心三类来管理。

（3）精细管理

江苏台推进"以绩效为导向"的目标责任管理，在总台层面设置"成本核算目标考核小组"，根据各项费用支出的不同特点，把内部成本费用划分为人力成本、技术成本、制作成本、宣传成本、新闻成本、传输成本、管理费用、后勤成本等十几个大类，确定每年具体需要考核的目标，进行相应的科学分解。总台与中层干部签订目标责任书，中层干部与下属员工签订目标责任书，以严格的绩效考核使员工全力以赴完成目标，确保战略目标落地。相关部门设立相应的专管科室，紧密合作。比如，技术部门建立起全台固定资产的内部刷卡计时收费体系，办公室负责各部门办公设备及办公场地租赁费的核算摊销以及归集，总编室提供各相关频道、部门的收视率、市场份额占有率等指标，广告管理部门提供各部门、频道等的创收数据，人力资源部门提供各部门、频道的人力成本摊销数据。以上数据在月底汇集到财务部门，进行最终的统计归集以及各部门、频道成本的核算。强化全面预算管理，逐渐从成本控制手段提升为绩效评价工具和战略执行平台；创新推出点成本考核体系，根据节目的实际收视率和点成本实行浮动预算；将精细化管理贯穿于管理的每一个环节。这一系列管理改革措施，极大提升了江苏广电总台的管理水平和管理效益。

4. 广告创收统一经营管理

江苏台广播、电视两大事业部是江苏总台的主业核心，承担着集团90%以上的广告经营任务。2012年，两事业部广告收入将超过50亿元。两事业部在管理、经营、人员、财务等方面相对独立，完好地保存了业态的特性。广告经营整合营销，对经营人员、业务销售统一管理，实现了"前台买菜、后台做饭"的机制。在年度经营指标的设定上，江苏台实行大奖励、高增幅，用他们的话说就是"出手要大，下手要狠"。

江苏台广告经营业务由经营管理办公室（以下简称经管办）和广告经营中心负责，前台签约，后台执行服务，责任明确，工作清晰。经营部门制定营销策略和销售政策，经管办负责执行监管、审核广告经营方式、价格制定，制定对客户、公司折扣政策和返还政策等。折扣和返还不可超越总台规定的比例。给予客户的返还，不计入广告任务额，返还金额计入频道成本，总台承担。经管办严格执行已签合同，审查广告合同内容，控制广告时间的使用，为客户、公司提供应有的监播，精准统计广告销售的数据，为台里提供广告销售的动态变化。其中，江苏电视事业部的广告经营按省内地面、卫视成立两个经营中心，省内以地面电视频道广告经营为中心统一经营，卫视频道经营中心以江苏卫视为核心经营，完成广告创收目标。经营中心工作由副台长、卫视总监总负责。各频道广告部主任由经营中心委派完成该频道任务，广告部主任与各频道总监没有隶属关系。在广播广告管理方面，江苏台与我台类似，2011年才把广告播出上载编排纳入管理部门统一负责执行。对经营进度通过"周报""月报"表格形式提供领导参考；对是否完成情况，则以"红榜"和"黑榜"方式在全台公布，一切由数字说话，非常严格。江苏广播各频道主要负责广播活动的经营指标。2011年活动单项创收大概5000万元（我台8个广播频道2011年做活动收入200多万，差距很大）。

在经营绩效奖励方面，经营部门根据总台制定的广告创收任务，对每个人制定量化绩效考核目标。总台绩效考核领导小组负责制定每个人的绩效考核责任书，具体制定对个人的完成任务奖励额度和抵押金额度。员工每月发放基本工资，实现时间过半任务过半后，发放半年奖，年终完成任务，返还抵押金，发放年终奖。年终根据经营总超额部分，从员工一直到高层按系数倒推出奖励总额度和奖励阶梯。经管办工作人员与广告销售人员，都被视为广告经营人员，享受经营人员奖励政策。2011年，江苏台年终奖励超过100万元的，有50人以上。

5. 构建全台网技术保障

（1）技术部门设置

江苏台技术部门设置为广播技术部、电视技术部、发射传输台。技术管理部，是总台的一个职能部门，与总工办是"两个牌子，一套班子"。主要工作包括确保安全播出、推进事业建设、抓好创新创优、提升内部管理、强化队伍建设以及日常事务等6个方面。

（2）全台网建设情况

江苏台2008年完成全台网架构下的制、存、播硬件系统设计及建设，媒资管理系统2009年投入试运行，2011年通过ISO9001国际认证，技术成熟，设备先进。目前，全部机房加编目技审机房等面积超过1000平方米，基本实现每天的节目素材以数字格式通过网络直接存放于媒资管理系统。创意墙及主题服务等业务提高了编辑人员节目的研发、创新能力，现在正进行二期规划。目前，江苏台媒资系统存储的素材利用率高达42.8%，有效降低了节目生产的成本。各频道在电视剧包装播出过程中充分利用媒资系统，避免重复上载，保证快速下载等功能，大大提高了电视剧二次加工及播出的灵活性。

（3）全台网节目成本管理系统

实现全面预算管理，一直是全台财务资金管理追求的目标。江苏台结合以往已经投入使用的IC卡（集成电路卡）制播设备使用成本系统和建设中的全台制播网，与武汉飞鹏数码科技公司合作成立了成本管理系统项目组，不仅进行项目组内部的沟通，同时积极组织与各网络化节目生产系统运维部门研究成本核算分析需求，参加北大方正、新奥特、索贝等公司全台网互联互通接口的制定。网络化成本管理系统可方便对各业务系统和传统制作设备使用数据、成本费用进行查询和汇总分析，为日常设备（系统）成本核算、技术资源优化配置、频道节目制作成本分析和预算分析，提供重要的基础数据支撑和资源配置调控工具。

（4）系统创新点

基于预算配置标准化、资源调控市场化、业绩考核数据化思路，实现节目生产、技术服务、设备使用等不同需求，频道、栏目、项目、个人等不同层面，核算、控制、分析等全方位功能的全台网成本管理系统。涵盖网络化节目生产环境下，节目采、编、播、存全生命周期的成本核算、分析、管理系统，实现全台网制播业务板块和非网络化制播设备的统一核算管理，实现技术资源配置使用调控的内部市场化。

6. 建设多通道岗位管理体系

（1）岗位管理

从2006年开始，江苏台（卫星频道例外）进行了岗位体系的多通道建设：确定了岗位七大系列，各序列分为5等15级；首席和特聘岗位由总台组织竞争上岗产生，资深（主任）级以下由所在单位负责选拔。打破人员身份界限，不同身份人员都可以评定职称，职称作为各通道间衔接的条件之一。年初签订岗位目标责任书，年末对各类岗位考核，纳入总台年度考核中，并将考核结果作为聘用的重要依据。任期内，考核等次为基本合格的，岗位降低一级；考核等次为不合格的，则不予续聘。

（2）薪酬和绩效考核

目前，江苏广电总台对频道总监、副总监实行目标管理。全台8个职能部门相关人员由人力资源部牵头组成全台目标考核管理小组，对目标责任书中所包括频道收入、利润、利润率、收视率、成本、管理、培训等十几项指标进行核定。频道总监、副总监实行年薪制，原有工资体系只作为档案工资。副总监年薪是总监的50%~70%。总监、副总监的年薪平时预发40%，年终完成各项目标考核指标再兑现60%。年终考核超额完成任务的，设单项奖，按各项指标打分形成单项奖的考核依据，管理层奖15%左右，部门科级以下奖85%左右。

科级以下薪酬组成情况：第一，卫视频道没有进行多通道管理，而是采用更为激进的2000元底薪加绩效的结构。第二，其他频道和节目部门的薪酬，由档案工资、多通道补贴、绩效组成。第三，职能部门没有进行多通道管理，科级以下绩效总额按岗位系数、按人头、按级别核定，由部门按具体考核发放。第四，卫视频道、其他频道和节目部门绩效总额主要在成本核算的基础上由利润中心、成本中心或模拟利润中心等数据模型产生，由频道进行二次分配。

（3）人才招录和培训

江苏台形成了较完整的培训体系。从2004年开始，总监、副总监等处级干部和制片人等科级干部通过参加长江商学院学习，进行高级管理文凭培训，与专业培训机构合作，实现赴中国香港，以及美国哥伦比亚大学、哈佛大学等分批次管理和专业培训。与密苏里大学新闻学院合作，在台里建立新闻训练营，每年邀请国内一线实战专家做专题讲座，每周开设"周末大讲堂"，组织本台业务骨干举行不同类别专题讲座，与南京大学联合举办迷你EMBA（高级管理人员工商管理硕士）课程班。除了总台组织的培训，各频道、部门都有各自的内部培训。同时，培训工作作为各频道部门年底考核的重要指标。江苏广电总台2012年培训预算近2000万元。

每年招录200余人。每年10月以北京、上海、南京、武汉各名校为重点，进行校园推广和宣传，吸引学生报名，每年报名2万余人，先由人力资源部和部门频道进行初次面试，按1:6的比例保留，再由人力资源部笔试，淘汰一半，最终由台领导、人力资源部、各频道进行面试，确定最终人选。

（4）人力资源信息动态化管理与查询系统

江苏台的人力资源信息数据管理网络化平台已运行多年，并不断改进，为人力资源管理的高效运作和数据积累、数据分析提供了有效手段。

二、江苏台发展特点分析

一是协调发展。中国广电业的特色，是一个实体两重属性——既有事业属性，又有产业属性；三重职责——舆论引导，文化传播，产业经营。江苏台既没有简单地采取事业单位的管理方式，也没有简单地采取企业的管理方式，而是采取协调发展的方式，即事业产业协调发展，社会效益经济效益协调发展，以事办企，以企壮事，双效统一。

二是标杆高移。江苏台战略愿景体现的是"标杆高移"的思想。先在江苏这个大本营站稳脚跟，再一步一步走向全国、走向世界，这需要有大视野。一方面，它学习国内先进媒体的长处，比如说上海的新媒体，湖南的娱乐，南方集团的体制改革等。另一方面，向行业外、向国外的领先企业和领先媒体学习。例如采取事业部制加职能管理的矩阵式组织架构，这就是学习通用集团。再例如每年选派骨干员工到美国、英国等国际一流学府和一流媒体去学习深造，实际上为"走出去"打开了思路。

三是谋定速动。首先是要做正确的事，然后才能正确地做事。战略规划制定后，就要坚决执行、快速推进，这主要依靠绩效管理。通过建立起系统的绩效管理体系，以严格的绩效考核使员工全力以赴完成目标，确保战略目标落地。以前讲"谋定而动"，现在讲"谋定速动"，最近又提出"速谋速动"。因为现在不仅"大鱼吃小鱼"，而且"快鱼吃慢鱼"，速度非常重要。江苏台强调"小步快跑"，"始终领先半步"。

四是持续成长。一个组织有两种运营模式，一种是安于现状的"延续运营"，一种是不断挑战自我、超越自我的"长大运营"。广电媒体作为拥有一定垄断资源优势的机构，往往愿意选择安于现状，裹足不前。江苏台清醒认识到，中国广电行业正迎来深刻变革和激烈竞争，不进则退，慢进亦退，越退越弱甚至无路可退。因此，他们彻底抛弃"延续运营"，坚决推进"长大运营"，勇于突破，勇于超越，寻求实现长远发展。

三、山东台近期发展建议

1. 深化广电改革
进一步加快广电体制改革，理清外部发展环境，争取政策支持。

2. 强化战略规划和基础管理
成立目标管理领导小组和战略规划部，全面推进战略规划，构建执行系统，不断提升系统竞争力，使战略规划成为长效制度体系。

3. 推进全台网建设
成立技术管理部或总工办，实现设备购置、管理的统一规划和协调；

站在全局的高度，统筹考虑、统一规划全台中心媒资、高清制作系统和新播控中心的建设，做到计划长远，规划科学，避免重复建设；建设全台网架构下的制存播系统，设计合理的节目生产流程体系，并能够把适合山东广电发展需要的具体功能开发融合到中心媒资系统中，有效实现媒资系统对全台宣传业务的管理职能。

4. 逐步实现全成本核算

（1）当务之急，是建立投入产出比的简单考核机制，以利润和利润率作为衡量指标。然后，在健全全台网的基础上实施全成本考核。

（2）通过考察学习，了解到江苏台经过10年的探索和研究开发，已实现了全台网成本核算管理功能。这一功能的实现，是在实现网络化环境下，对节目生产全过程进行全方位精细化的成本管理，为全台节目生产控制、内部绩效管理、技术设备资源配置提供量化决策数据和调控手段。

目前，我台在技术设备成本核算管理方面具备一定的基础。如原电视台技术部在节目制作、电视转播、演播室等技术设备使用方面，均制定出收费标准及收费计算依据。建议在全台网投入使用前，各频道、各播出部门结合节目制作量、节目播出量和各自设备的配置数量，参照原技术部的核算方式进行模拟核算。

（3）建立一套有实际操作性的内部费用具体摊销标准、摊销流程等制度体系，建立适合山东广电特点的内部成本费用报表及财务分析体系，为山东台精细化目标管理打好基础；根据内部成本核算管理的需要，在各相应部门建立或明确具体负责各项内部成本费用计算汇总的科室及负责人员，并进行合理的培训；全台的固定资产进行大清查，明确产权，该报废清理的要彻底清理。在清产核资摸清家底的基础上，全部固定资产由技术部门统一管理，建立固定资产的具体折旧办法及每小时使用费用等明细指标。引进相应管理软件及计时收费系统，全面建立固定资产的收费使用制度。

5. 推进广告统一经营管理

健全完善广告管理办法，逐步推进广告合同签订、管理、制作播出统一，完善广告奖励制度和指标体系。

6. 加强人力资源建设

（1）积极与人事厅和人力资源公司沟通，努力解决编外人员职称评聘问题，增强编外人员的归属感，解决他们的后顾之忧；岗位管理打破身份界限，编内、编外人员除档案工资外（编外人员无档案工资），岗位工资和绩效工资实行无差异化管理，一律按贡献取酬，充分调动编外人员的工作积极性。可以试点年薪制。江苏台近年快速发展，年薪制改革给事业发展带来了强大动力。建议在优势频道或具成长潜力的频道开展年薪制试点，试点岗位管理的多通道体系。建议与业内有较高影响力的人力资源管理咨询公司合作，积极建立真正意义上的岗位管理体系。配合成本管理和核算，积极探索奖金体系的优化方案，更好地推进绩效考核工作。

（2）提前进行校园推广，为抢先招录优秀人才做好铺垫工作。加大培训工作的针对性，针对不同的岗位和需求，量身定做培训方案，以实际培训成效作为指导要素。

（3）建立先进的人力资源管理信息化网络平台。

（合作者：李健　2012年4月）

上海广播电视台（SMG）改革与管理考察报告

　　2014年4月，学习考察组一行7人赴上海广播电视台、上海文化广播影视集团有限公司（以下简称SMG）考察交流。临行前，调研组做了大量案头工作，查阅资料，准备问题，汇总并提出考察思路，主要是深入了解SMG在改革中如何处理"集团和台、集团和频道、频道和独立制作人、卫视和其他频道、宣传和技术、新媒体和传统媒体、主业和相关产业、广播和电视"八大关系。到上海后，学习考察组先后参观了上海文广集团文创空间、百事通业务展示，观看了4K（超高清电视）专题片，听取了SMG负责同志的情况介绍。双方重点围绕着广播电视体制改革、战略投资、管理模式、卫视发展、产业开发等方面，进行了深入交流座谈。

　　学习考察组一行认为，上海文广系统一直是文化体制改革创新的先锋，通过持续的改革保持了源源不断的发展活力。此次SMG大刀阔斧的改革重组，是在10多年来先后两次管办分离、集团化发展的基础上，进一步深化文化体制改革，加快制播分离步伐，推动媒体转型，增强竞争力的又一重大举措。整合重组之后，SMG推行了更加灵活的用人政策和更加开放的体制机制，探索出解放"创意"和"生产力"的新路子，实际上已经成为广播电视发展的"自贸区"试验田，必将对整个广播电视行业生态带来巨大冲击和变化。

一、上海文广改革的主要内容

2014年年初，上海文广集团推行新的深化改革。黎瑞刚作为华人文化产业基金董事长，重回上海文广，推行改革新政，主要围绕着内部整合和改制做文章，优化重组内部资源，再造内部运营机制。

1. "整合"——大小文广整合和小文广内部整合

第一个整合是大小文广整合，成立"新文广"。大文广（SMEG）是上海文化广播影视集团，小文广（SMG）是上海文广新闻传媒集团，后来演变成为上海广播电视台和其所属的"台属、台管、台控"的上海东方传媒集团有限公司。小文广受大文广管辖，也是大文广中的核心部分，无论是资产还是营业收入、利润额，小文广都要占一半以上。这次整合的具体方案是：大文广撤销，旗下的公司分3种去向：电影和互联网行业的两大品牌，即上海电影（集团）有限公司、上海东方网股份有限公司将作为市管企业独立运营，准备上市；承担政府职能的上海国际影视节中心、上海电影资料馆，将转交给市文广局主办；其他事业单位（包括广播新闻中心、电视新闻中心、总编室、播控等）均划归上海广播电视台，其他企业单位均划归大小文广整合后组建的新公司，着眼整体上市。新公司名称为上海文化广播影视集团有限公司（比大文广多了"有限公司"4个字，英文缩写沿用SMG），这个新文广和上海广播电视台实行一体化运作。黎瑞刚出任上海广播电视台党委书记、台长，新文广集团党委书记、董事长、总裁；王建军任副台长、党委副书记，集团党委副书记、常务副总裁。其余班子成员转任集团副总裁，台内不再兼职。

第二个整合是小文广内部整合，形成新的核心板块。从播出平台看，上海广播电视台原来拥有11个广播频率、15个电视频道、15个数字电视付费频道，以及IPTV、手机电视、网络电视、互联网电视等新媒体平台；从产业发展看，上海东方传媒集团有限公司采取多元化发展战略，在新闻、娱乐、影视、纪录片、体育、财经、IPTV、电视购物等领域开拓，形成多个业务板块、数十家子公司。重组前的上海东方传媒集团有限公司，2013年经营总收入达到185亿元，其中，广播电视及报纸广告收入63.82亿元，非广告收入121.18亿元。2005~2013年，集团年均复合增长率22.1%。如果叠加此次整合进入的东方明珠股份公司等经营单位可统计的经营收入，SMG集团的产业规模应在200亿以上。此次内部整合要打破原来的板块设计，进行业务架构整合，实现媒体转型和重点突破。最先启动的是娱乐板块改革，将东方卫视、艺术人文频道、大型活动中心、新娱乐频道、星尚频道以及两个数字频道整合进来，组建东方卫视中心，共有1000多人，进行娱乐内容的研发、生产、播出和经营。卫视中心专门组建了党委。整个文广内部的整合将需要一年左右的时间。接下来，电视新闻、财经、广播、公益频道、版权等业务领域的重组整合也将启动。据了解，经过小文广的内部整合，加上大文广转移过来的资源，新文广的主要业务板块将包括：新闻制作业务，娱乐影视体育少儿等节目制作、广告经营及延伸业务，网络传输及新媒体业务，财经传媒及商业数据服务业务，演艺及现场娱乐业务，文化产业投资业务，广播电视支撑业务等。

2. "改制"——改变内部运营机制，激发新活力

一是组织架构扁平化，独立制作人制度与市场充分接轨。真正引起SMG内部震动的是机制改革，改革影响的是每个人，包括工作流程、组织架构、同事关系都发生了巨大变化。东方卫视中心机制改革首先是去行政化。减少行政管理层级，缩减行政管理人员，形成扁平化管理架构。取消制片人、编辑部主任、科级、处级等行政级别，一些优秀人才从行政岗位转到业务岗位。节目团队采取"独立制作人"模式，资格完全开放，面

向全台和社会公开招标，从副总监到普通编导均可参加，一年一聘。在制作生产和内容创新方面，充分放权，充分授权。独立制作人地位很高，拥有创意自主权、项目竞标权、团队组建权、经费支配权、收益分享权、资源使用权六大权力。目前已经产生了20个独立制作人，其中有3名处级干部、2个社会公司中标。SMG也与中标的台外公司所属团队签订劳动合同，使他们享受相关待遇，增加外来团队的凝聚力和向心力，防止优秀团队在做出优秀节目后人才外流。独立制作人团队内部实行双向选择，但不能只带走原节目团队的优秀骨干，要挖走大部分骨干，必须经原节目部同意，或者全部带走。独立制作人，如果手头还有常规节目的，还按常规节目的方法来考核。如果没有常规节目，竞标节目又没有开播，只拿基本工资，开播后按独立制作人权益来考核。东方卫视中心管理以节目生产为中心，设置节目生产团队和服务协调团队，节目团队和独立制作人位于中心，外围设立三中心和三部，即节目生产中心、节目研发中心、频道运营中心，广告经营部、综合管理部和业务拓展部，它们为节目团队和独立制作人提供各种支持服务。在这轮改革中，东方卫视中心有点儿像上海自由贸易试验区，起到改革试点的作用，一旦试点成功，其经验做法将复制推广到其他板块和部门。

二是以战略规划统筹整体发展，用指标权重调整体现导向性。SMG采用目标管理、岗位管理模式，内部成本核算。战略投资部负责组织跨部门的宣传管理委员会、经营管理委员会，统筹全台整体发展，并承担着战略规划、投资管理、目标考核等职责。每年在编制全台预算之前，战略投资部会根据内外部环境、宏观经济、行业发展、领先企业等，做一个对标分析，提出下一年计划预算的总体目标要求。然后，牵头组织总编室、人力资源部、财务部、广告管理部等部门建立一个绩效考核委员会，按照财务指标、业务指标、管理性指标、学习成长组织性指标4个维度，确立一年的综合考核体系。通过调整指标的权重来体现集团的战略导向，比如说节目创新是今年工作的重点，就可以在综合考核体系里把去年节目创新10%的权重提高到20%，进一步体现指标的战略导向性。当然，在设定具体指标时，也会根据不同的业务板块来具体分析，确定不同的考核指标权重，内容不一样，指标权重也不一样。比如，东方卫视主要考察影响力指标，新闻中心会以导向为主兼顾收视率的方式来衡量，百事通是上市公司，考核主要体现在财务利润指标上。薪酬奖励与频道和部门主要负责人指标挂钩。员工年终奖大约占全年收入的20%，高管年终奖占年薪的40%。年终考核，优秀高管约占总数的40%，最好的考评以150分封顶，可以拿到年薪的1.5倍；60分以下，没有年终奖。2013年考核中，最低得分只有20分。另外，目标管理里边设立专门的目标挑战值，考虑行业增长因素，鼓励突破赶超。比如说本单位的目标值是1亿元，而行业领先企业确立了30%的增长目标，那么，挑战值就可能是1.3亿元。如果挑战值达到了，高于行业增长，将提高激励程度，奖励上限会突破1.5倍。同时，战略投资部还承担着集团国有资产的管理投资职责。台集团层面的新业务发展、重大投资，由战略投资部牵头执行。子公司层面的项目由子公司自己负责，总部可以推荐项目。股权多元化公司，严格按照公司治理结构，董事会表决前先报到集团，集团决策同意后，按正常程序运行。如果是全资子公司或者是事业部，前期的评估、执行当中的推进，战略投资部要承担更多的管理监督职责。每个季度，SMG总经理牵头的经营管理委员会都要对集团的经营情况进行调度。

三是人事财务分配制度完全企业化，权利下放，充分调动积极性。历经10多年两轮大的改革，SMG已经建立了比较完善的企业化管理制度。在人事管理方面，上海广播电视台与集团公司实行"二位一体"运作，虽有"老人老办法、新人新办法"的原则，但管理上着力淡化身份差别，没有事业身份和企业身份的概念，晋升通道完全打通，机会均等，甚至可以直接从社会上招聘管理人员，担任部门正处级职务。比如，权限范围很大的战略投资部主任即从社会上公开招聘而来。只有新闻中心、总编室等宣传管理岗位主要负责人经过宣传部备案。所有干部员工全部实行岗位管理，完全做到同工同酬。所有事业编身份员工全部实行档案化管理，实际收入绩效完全按照岗位贡献来拿，只在退休时以事业薪酬核准退休薪酬。如果所在的业务板块将来上市了，其中事业编制身份人员就放弃事业编制。2004年以后，不再进事业编制人员。2008年以后，所有新进员工都不再实行劳务派遣，而是直接与集团或者子公司签订合同。在财务管理和绩效分配方面，总部只管总量和薪酬制度，具体的分配是分层分级管理。各个部门频道、板块公司的财务集中管理，独立核算，由财务部门委派财务人员。SMG对总部领导和各部门正处级主要负责人统称高管，实行年薪制。各单位有财务支配自主权，可以按照月考核，也可以按照季度考核。年度考核，总部也只管单位一把手，其他副职、管理团队和员工年终奖统一打包，确定额度，由各单位主要负责人具体分配，相同职级由于背负的指标和贡献大小不同而有较大差距。

二、上海文广改革分析

一是顶层设计，强力推动。新一轮文化体制改革步入深水期，上海先行先试，继续领跑全国。上海市委提出，把推进文化体制改革、提升文化软实力作为今年全市的一项重点工作。上海市委书记韩正一年多时间内5次到宣传系统调研，提出媒体关键要提升宣传舆论的影响力、文化产业的竞争力、理论成果的说服力、核心价值观的感召力。启动上海报业集团改革后，上海市委加快推进上海文广集团的改革，为此特派黎瑞刚重返文广。这是上海市委、市政府的重大战略部署。与以前的上海广电内部设计改革不同，这次上海文广改革由上海市委主导，自上而下推进，进展迅速。上海市委常委、宣传部长徐麟担任改革小组组长，黎瑞刚担任副组长，宣传部、组织部、国资委等单位领导进入改革领导小组，担任成员。

清晰的思路和积极推动加快了上海文广的改革进程。

二是台企合一，二位一体。此次整合后的上海广电，两块牌子，一个法人代表，一套班子，一套职能部门，采用两位一体化管理模式，财务核算工作由计划财务部统一负责。新闻宣传、事业管理方面以台的名义，基本运营则用集团名义，哪边方便用哪边。其中，上海广播电视台为公益二类事业单位，执行事业单位会计制度，按模拟利润进行考核；上海文广集团有限公司为企业性质，实行企业化管理，执行企业会计制度，所有经营创收都在集团企业账套下核算，所属全资子公司的财务主管由计划财务部派出。东方卫视中心实行独立制片人制，通过模拟分公司的核算方式在集团单设账户，实行全成本核算。台和集团的架构，有利于充分发挥广电事业属性、产业属性双重属性和新闻宣传、公共文化服务双重职责，为省级广电推进新闻宣传和产业经营工作"两分开、两协调"打下了良好基础，使得广电管理平台得到了优化拓展。

三是突出卫视，内容为王。上海文广这轮改革，资源整合配置重点围绕东方卫视这个平台来进行，着眼于内容产品的全媒体再造。具体目标是，要在2014年使东方卫视在50城的收视进入全国前三。近年来，为实现卫视冲刺，集团对卫视的支持力度一直不小，投入和经营收入基本打平。但东方卫视的收视率和经营收入一直未能排进地方卫视第一阵营。东方卫视作为SMG最核心的业务板块，在其他地方卫视纷纷推出有影响力的新节目、实现高收益的时候，一直缺少重量级、现象级、有影响力的产品。原因首先是合力下降，SMG的"小巨人"模式没有真正做大，反而在追求小而全、内部竞争过程中分散了力量，增加了内耗，削弱了SMG的整体竞争力；其次是活力不足，受机制和流程的局限，整体缺乏内容创新的氛围，优秀的人才被框死在一个个公司里，被压制在一层层行政管理下，他们需要一个更为广阔的平台，一个可以施展的空间，所以以节目生产为中心的独立制作人制度应运而生。内容产品的创新和用人机制的创新，能否充分激发内部活力，催生一批优秀产品和优秀团队，是衡量改革成败的一个标志。SMG的长远目标是，使独立制作人制度能够催生出几个灿星式的节目团队。同时，SMG的新媒体战略还是借用平台、放大主业，无论是自主创建的看看新闻网，还是收购的风行网，都是为了扩大主业的影响力。因此，SMG在发展新媒体方面想得更多的是，能为新媒体平台提供什么样的产品，说到底还是产品创新、内容为王是做大做强的关键，品牌节目才是核心竞争力。

四是多业并举，全媒发展。近年来，上海文广努力构建以传统媒体广告经营为主、多业并举的经营格局，不断拓展多元化经营渠道，逐步优化经营收入结构。在经营总收入规模逐年增长的基础上，广告创收占集团经营总收入的比重从2005年的80%下降到2013年的34%。在广告以外的其他经营业务中，电视购物实现销售收入85亿元，占经营总收入的47%，位列全国家庭购物行业第一；新媒体板块（包括IPTV、手机电视、网络视频、互联网电视、移动互联网等业务）经营收入占比15%，影视剧及节目版权销售收入占比3%，演艺、会展、户外、技术服务等其他业务经营收入占比1%。SMG党委副书记林罗华介绍说，上海广电经营方面最大的经验就是没有依靠单一的广告经营，而是多年持续不断地改善经营收入结构，持续不断地强化非广告经营。广告经营受经济波动影响太大，所以形成了多元化产业结构布局和产业集群发展，综合经济实力和竞争力大大增强。目前，集团业态比较全面，新媒体架构也比较完善。SMG领导层意识到了新媒体的挑战，认为媒体的基础设施正在发生裂变，如果不懂得移动互联网，不和移动互联网接轨，前途渺茫。在新媒体平台建设方面，有能力做就做平台，没能力做就借助别人的平台，把传统媒体的新闻影响力发挥出来。电视新闻在加大制作量的同时，进一步扩大在新媒体领域的影响力。目前，看看新闻网的负责人兼任新闻中心副总监，以加强电视新闻的新媒体影响力。下一步SMG发展的重点是加快向移动互联网转型，推动百事通通过并购实现外延式的发展，推动购物从传统电视购物向互联网购物转型。

三、上海文广改革对我台的启示

上海文广此次大刀阔斧的改革，充分借鉴了互联网思维和互联网精神，把互联网基因渗透到各项工作中去。今天传统媒体谈改革，都要大谈特谈互联网基因，但真正能做到的不多，盲目照搬也不可取。与时髦的股权激励相比，独立制作人制度也许并不新鲜，但广播电视的产品创作有其特殊性，企业性质也不一样。如何调动创业和创新的氛围，一向注重企业文化的SMG的探索大有可取之处。特别是最近中宣部下文重新进行事业单位登记，要求我们重新改报公益二类。这就意味着我们今后在整个运营管理方面，会发生很多很大的变化，走集团化、企业化的道路是必然之路。

一是完善战略体系，坚定落实推进。当前，我台发展已经确立了媒体转型目标，形成了"六位一体"战略思路，提出了"十八字"工作方针，符合我台自身发展实际，符合广电行业发展趋势，符合文化体制改革方向。要进一步明确，坚定不移地加以推进落实。

二是加强组织领导，强力推进改革。坚定信心，下定决心，开弓没有回头箭，改革势在必行。全台应成立改革领导小组，加强改革工作的组织领导，形成改革方案；成立相关机构，构建执行系统，全面推进战略规划和改革工作；加强与省委宣传部的沟通，寻求上级领导明确、坚定的支持，积极争取有利的政策措施。

三是建立省级广电集团，实行一体化运营。明确省级广电集团市场主体，按事业属性和企业属性加快资源资产剥离重组，重建组织架构，再造工作流程，逐步实现全成本核算，形成台和集团"二元一体"化运营。

四是制定综合配套措施，全力打造卫视。打破现有频道和部门利益格局，整合优化综艺节目、节目购销、节目研发和落地覆盖等资源，加大投入，制定出台综合扶持政策措施，并坚定不移地予以落实，重点扶持卫视发展。

五是尝试独立制作人制度，加快制播分离步伐。独立制作人制度是一种与市场接轨的做法，前景可期。应积极培育独立制作人团队，减少层级，去行政化，"让听见炮声的人做决策"，给予他们充分的发展自主权，最大程度调动业务骨干的积极性，使节目一线的制作人在最短的时间内达成创意和制作的结果，着力打造精品节目、品牌节目。

六是加快内部机制改革，实行现代企业管理。实行企业目标管理，完善薪酬激励政策，给予部门、频道和业务板块更加灵活宽松的人、财、物管理使用权限。全面实施企业岗位管理，打破人员身份界限，打通晋升通道，岗位工资和绩效工资实行无差异化管理，一律按贡献取酬，按收入缴纳保险，试点年薪制。

七是积极搭建多媒体平台，实现多元化产业发展。成立相关机构，统筹节目创新考核，设备购置管理，负责新电视播控系统和媒资系统运行，建设全台网架构下的制存播系统，设计合理的节目生产流程体系，加快多媒体融合发展。加快多元化产业布局，大力发展关联产业、创意产业和新兴产业，不断增加非广告性营业收入比重，实现快速可持续发展。

（合作者：李健　2014年5月）

关于报刊分类和媒体事业单位
分类情况的考察报告

　　2014年8月，由山东省委宣传部、山东省新闻出版广电局、大众报业集团、山东广播电视台相关人员组成的学习考察团赴北京、广东、浙江、上海等地进行调研。本次考察学习的主要内容包括：报刊分类改革及事业单位分类情况，省级媒体事业性质分类及管理运行情况。由于考察学习的地点多，时间紧，主要通过召开座谈会、现场参观、个别交流、电话访谈等多种形式进行。考察团先后拜会中宣部、国家新闻出版广电局，与中央人民广播电台人事部、中央电视台办公室电话交流，参观了广东广播电视台、浙江报业集团、浙江广播电视台。分别在广东、浙江、上海召开了三次座谈会，对广东、浙江、上海等省市在报刊分类改革、事业单位分类，特别是广播电视媒体运行管理现状有了较新的了解。

一、中央有关新闻单位分类改革和管理运营情况

1. 中央人民广播电台

　　中央人民广播电台已于2014年上半年正式明确为公益二类，依然采取经费自理（自收自支）的财政管理办法，实行预算制管理，每年国家财政

给予4亿元的项目扶持资金，事业编制人员人均月绩效工资、合同制人员工资标准报财政部批准后执行。

2. 中央电视台

中央电视台于2014年上半年正式明确为公益二类，依然采取经费自理（自收自支）的财政管理办法，实行预算制管理，每年向国家财政上交14亿元，各类人员全年绩效工资（基本工资、绩效工资、增收节支奖）实行大包干，按照经营收入的6%提取。根据不同的级别和岗位，央视员工的薪酬也分不同等级。编制内员工以岗定薪、按劳分配，在职称评聘、养老保险、调入调出等方面享受事业单位有关政策。编制外人员实行岗位工资和绩效工资，按企业办法参加养老保险。

3. 人民日报社

人民日报社为中央财政一级预算单位，实行收支两条线。2013年，财政拨款11.2亿元。事业编制1600多人，编制内人员由报社人事局直接管理，招聘人员在人事局备案。编制外人员由人事局下面的人才服务交流中心管理。据了解，其分配机制实行岗位工资和绩效工资，事业、企业两条线同时运行。

二、上海、浙江、广东等省市报刊、广播电视单位分类及管理运营情况

1. 上海市

上海市将公益性事业单位分为两类，党报党刊、时政类报刊、广播电视台都是公益二类。非法人编辑部随主管主办单位分类。非时政类报刊转企改制方案已批复的，继续转企改制。

上海广播电视台定为公益二类，管理体制进行了大胆改革，整体实行企业化管理。2014年3月，上海市委研究确定，上海广播电视台与上海文化广播影视集团有限公司实行台企一体化，一套班子，台长、董事长一人

兼。实行党委合一，台、集团一个党委，管干部，管媒体，保方向；实行制播分离，台管播出，管媒体资源、频道频率、内容审核和安全播出。制作的主体、运营业务主体是集团公司，完全市场化，可以承接社会资源；实行协调运作，台委托集团公司负责经营业务和资产运营。台、企全部实行合同制管理、岗位管理，事业编制全部锁定，档案封闭管理，事业身份人员只出不进，调出、退休时按事业身份对待。岗位设置、职称职数只向人事部门报备，不与工资挂钩。全台分配企业化。工资总额和绩效工资自行决定。台级领导年薪作为市管干部由上级主管部门按照国有资产管理规定，进行考核确定，副职按一把手薪酬的一定比例确定、报批。国资考核由市文化资产管理办公室牵头，占70%；导向考核由市委宣传部新闻处牵头。2013年，上海文化广播影视集团经营总收入185亿元，其中广告收入63.82亿元。

上海报业集团是2013年由解放日报报业集团和文汇新民报业集团合并组建的，目前正在进行"三定"。上海市委宣传部与市机构编制委员会办公室（以下简称市编办）初步沟通，基本确定报业集团为公益二类事业单位，原有管理体制不变，继续实行企业化管理。上海报业集团的架构为：集团是正厅级事业单位，下辖解放、文汇、新民3个正厅级的法人事业单位，与报纸有关的广告、发行等经营性业务由3报负责，其他如资产、投资等业务由集团负责。对"三定"后富余的事业身份人员，放在集团下面一个事业单位，封闭管理，将这部分事业编制"锁定"，只出不进，逐步消化。干部管理方面：市委宣传部负责管理各媒体一把手、组织架构和领导干部职数，处级干部由报业集团负责管理，不实行报备。薪酬方面：媒体一把手的薪酬由市文化资产管理办公室和市委宣传部共同决定。市文化资产管理办公室负责经营性指标，占薪酬的70%；市委宣传部负责社会效益指标，占薪酬的30%。其他人员薪酬由单位自主决定。单位工资总额实行报批。报社实行总编负责制，主要考核影响力，集团主要考核经济实力。2013年上海报业集团成立后，市委宣传部、市财政局给予很大支持，每年给2亿元左右的扶持资金，连续支持3年。截至2014年6月，上海报业集团合并报表资产规模为228.58亿元，净资产98.99亿元。2014年上半年，集团主要媒体的利润增幅为2.40%，各报刊广告收入合计4.44亿元。集团下属的新华发行、新华传媒、印刷集团上半年累计完成净利润3611.58万元，同比增加2420.37万元。集团下属其他经营公司上半年共完成净利润1488.91万元。

2. 浙江省

浙江省是事业单位分类改革试点省，2010年已完成分类改革，公益性事业单位只分公益一类、二类两类。浙江报业集团、浙江广电传媒集团均为公益二类，大部分非时政类报刊出版单位为公益二类，未推进转企改制的报刊单位也是公益二类。省委宣传部上报中央的《浙江省深化文化体制改革实施方案》没有党报党刊、时政类报刊、电台电视台等公益事业单位分类的内容。

浙江报业集团在事业单位分类时确定为公益二类，实行自收自支。浙江报业集团为正厅级事业单位，2009年出资成立浙江传媒控股集团有限公司，企业法人，控股公司是上市公司浙报传媒的母公司。浙江报业集团的党报、都市类等报刊的编辑部在事业性质的报业集团里，目前仍有600多事业编制人员。党报、都市类报纸的广告、发行等经营性业务和已经实行转企改制的报刊都进入上市公司，进入上市公司的300多事业身份人员全部转换为企业身份。浙江报业集团党委会与控股集团董事会是一套人马，整体实行企业化的事企一体管理、一体运营、一体分配。领导班子薪酬由省委宣传部、省财政厅共同决定，其他职工薪酬由单位自主决定。集团范围内不分事业企业，薪酬制度是统一的，根据绩效定薪酬。在干部管理上，无论在事业单位还是企业工作，实行统一管理。身份转换单向不可逆，即从事业进入企业要转换身份，从企业交流到事业单位工作，继续保留企业身份。未转换身份人员调离或退休时按事业单位政策执行。2004

年以来，新聘用人员全部为企业身份。2013年，浙江报业集团总资产达50亿元，年营业收入30亿元。其所属上市公司浙报传媒2013年实现营业收入23.56亿元，同比增长59.67%；利润总额5.29亿元，同比增长85.67%。

浙江广电集团（事业法人）为公益二类，依然采取经费自理（自收自支），企业化管理，与浙江广电传媒集团有限责任公司（企业法人），两个牌子，一套人马，一体化运作、管理、分配。推行管理体制机制改革，内部实行"能上能下、能进能出、能多能少"的管理体制机制。其人员绩效工资由集团自行决定，主要负责人年终奖励由省委宣传部考核后确定。在编人员事业身份实行档案管理，封闭运行，可以参评职称，但不与工资挂钩，调出、退休时按事业人员对待。由于省里在政策上的大力支持，浙江广电集团近几年快速发展，经营收入由2005年8.9亿元增长至2013年108亿元。

今年，浙江省推行权力清单改革，下放管理权限，省机构编制委员会办公室（以下简称省编办）、财政、人事等部门不再对浙江广电、报业进行传统意义上的管理。

3. 广东省

广东省是事业单位分类改革试点省，2010年进行事业单位分类改革时，将公益性事业单位分为三类。这次分类基本维持了原来的分类改革意见。广东省委宣传部上报中央的《广东省深化文化体制改革实施方案》，没有党报党刊、时政类报刊、电台电视台等公益事业单位分类的内容。

广东省报刊和广播电台、电视台的分类，由省编办根据各单位情况分别确定，省委宣传部、省新闻出版广电局没有参与。大部分报刊定为公益三类，市地党报、广播电视台基本都是三类，各地根据实际情况给予财政补贴。广东省作协主管主办的《广东文艺》《作品》确定为公益一类，广州《华声》侨刊杂志原为公益二类，现调为公益一类。

广东省省直报业集团有两家，分别是南方报业传媒集团和羊城晚报报业集团。在2014年事业单位分类改革中，南方报业传媒集团提出的分类意见是保持原来公益三类不变。南方报业传媒集团为正厅级事业单位，集团及下属事业单位在此次分类改革前一直属于公益三类事业单位，自1983年开始实行自收自支、企业化管理。南方报业传媒集团的企业主体是南方报业传媒集团有限公司（企业法人）。薪酬方面：请社会上专业咨询公司根据专业岗位设置和经营业绩目标，按市场机制要求制定了薪酬制度，年初定绩效目标，年终跟踪考核。员工（含集团领导）的工资待遇不与事业单位待遇挂钩。干部人事管理方面：处级干部聘期3年，每3年组织一次竞聘。实行全员聘用合同制，全部员工都签订劳动合同。1993年起，全员办理了养老保险。在非时政类报刊改革中，有6家单位实行了转企改制，200多人转换了身份。原在编人员事业身份实行档案管理、封闭运行，与聘用人员同岗同酬，可以参评职称，但不与工资挂钩，退休时可以按事业身份办理退休手续。2013年，南方报业集团实现营业收入28.42亿元。

原广东电视台、广东广播电台为公益二类，南方电视台为公益三类，实行自收自支。2014年4月整合组建广东广播电视台后，省编办原拟定为二类，广播电视台根据实际情况，提出定为公益三类。在整合的同时，广东广播电视台将经营性资产整体划转，成立省管大型企业——广东南方广播影视传媒集团有限公司，负责管理台和下属单位产业发展。集团为台控台管台属，实行台企一体化运作、管理、分配，台"一把手"兼任集团公司董事长，经费自收自支，实行企业化管理，其人员绩效工资由台自行决定，台及企业主要负责人年终奖励由省委宣传部考核后确定。他们认为，定为二类，如果管理过死，将无法调动各方面积极性，也留不住人才，对事业发展有影响。2013年，广东广播电视台经营总收入48.48亿元，其中广告收入34.48亿元。

三、考察学习的主要收获

1. 加深了对事业单位分类管理的理解

《中共中央 国务院关于分类推进事业单位改革的指导意见》要求将

事业单位分为三类。在三类基础上，根据职责任务、服务对象和资源配置方式等情况，将从事公益服务的事业单位细分为两类：承担义务教育、基础性科研、公共文化、公共卫生及基层的基本医疗服务等基本公益服务，不能或不宜由市场配置资源的，划入公益一类；承担高等教育、非营利医疗等公益服务，可部分由市场配置资源的，划入公益二类。具体由各地结合实际研究确定。

事业单位分类是按照社会功能来划分的，至于财政管理方式可以根据实际情况确定其为财政全额拨款、差额拨款或自收自支。广播电视媒体既有宣传属性，又有产业属性，划入公益二类，并不意味着其财政管理方式倒退到全额拨款或差额拨款。公益二类事业单位依然可以采取自收自支的财政管理方式。

2. 感受到先进地区加快改革发展的急迫性

本次学习调研的都是全国宣传文化系统的先进省市，3个省市广电系统的综合实力、媒体影响力都走在全国前列，但是在新兴媒体快速发展、媒体竞争日趋激烈的市场环境中，他们仍有不进则退的忧虑、不等不靠的担当、锐意进取的勇气。广东台正与灿星公司合作，投资1亿元创办大型综艺节目《中国好男儿》，带动电视节目运作机制的创新；浙江台自筹资金，投资50亿，加快建设浙江国际影视城和浙江广电传媒大厦；上海台全面实行企业化运作，推行"独立制作人"制，其管理理念和运作方式与国际传媒接轨。上海广电2013年经营收入123亿元，仍然感到发展速度慢。上海同行开玩笑说："湖南是拿起枪就突突，我们是找准目标才开枪。"自嘲自己行动迟缓，发展不快。加快发展，深化改革的急迫感溢于言表。

3. 感受到先进地区媒体改革发展的宽松环境

广播电视媒体提升宣传舆论的影响力、文化产业的竞争力、理论成果的说服力、核心价值观的感召力，关键靠改革，根本靠人才。媒体改革与人才引进，需要宽松环境。浙江省制定权力清单，划定管理界限，转变管理方式。上海市按照国有资产管理方式来管理，各地宣传部、编办、财政、人事部门对于广电改革发展给予充分的理解和支持。

四、加快推进山东广播电视台改革发展的建议

1. 统一确定公益二类的划分标准和财政管理方式

我省编办过去对事业单位分类中，采取公益一、公益二、公益三的分类办法，相对应的财政管理方式为全额拨款、差额拨款、自收自支。省委宣传部在《全省文化体制改革方案》中将山东广播电视台划分为公益二类，是按照全国标准来确定的，但容易让有关部门和单位产生错觉，以为按照省编办制定的标准，山东广播电视台又回归差额拨款管理，这样会使全台人心浮动，造成人才流失。建议省委宣传部协调编办、财政、人事等相关部门，厘清公益二类的内涵与外延，尽快确定我台财政管理方式仍然沿用现有政策。

2. 扶持建立产业经营平台，实行台企一体化运作

从全国先进省市广电发展的经验来看，由广播电视台出资成立一家企业集团一体化运作，不仅可以整合产业资源，更主要的是利用企业管理的优势解决事业单位管理的痼疾，引进人才，留住人才，提高管理效能，快速提升媒体舆论引导力和综合实力，推动文化产业发展。目前，山东广播电视台台属企业25家，大多规模小，经营范围分散，经营收入能力差。自山东广播电视台组建运作3年来，虽然台党委一直高度重视，极力推进，但一直效果有限，其中一个主要原因就是缺乏经营平台的管理与整合；全台18个广播电视频道广告独立运营，容易出现管理失控、资源浪费与流失现象；按照事业单位体制管理，也无法解决庸者"霸位"，能者"缺位"，分配"大锅饭"问题。因此，借鉴外省经验，由山东广播电视台出资成立一家企业集团，实行党委合一、制播分离、协同运营、一体化运作，已成为山东广播电视台改革发展的当务之急。

（合作者：王中华 2014年8月）

浙江广播电视集团管理创新考察报告

2014年9月，学习考察组一行8人赴浙江，考察学习浙江广电集团的组织管理架构、体制机制创新、人事管理、财务管理、新媒体发展等方面的现代理念和成功做法。在杭州期间，先后听取了浙江广电集团主要负责人关于浙江广电发展情况的介绍；与对口部门负责人分头进行了座谈交流；实地考察了浙江广电集团的部分广电设施和正在建设的浙江国际影视中心。

一、浙江广电集团的基本情况

浙江广电集团成立于2001年11月8日，按照"政事分开、管办分离"的改革要求，由浙江电台、浙江电视台及其他相关企事业单位组建而成。集团总部设12个职能部门，有20个广播电视频道，1个门户网站"新蓝网"（含浙江网络广播电视台和手机台），13家下属全资企业单位，9家控股和参股公司。集团现有员工6800多人。近10年来，浙江广电集团按照事业单位、自收自支、企业化管理的定位，解放思想，实事求是，扬长避短，革故鼎新，统筹事业、产业发展关系，狠抓内部管理，加强品牌建设，广告经营一直保持年均百分之十几的增长幅度。即便面对2014年严峻的经济形势，浙江广电广告创收还确立了16%的增长目标。2013年，浙江广电集团经营创收达到108亿元，广告和产业基本上是平分秋色。其中，浙江卫视广告创收36.5亿元。2013年全台利润总额22亿元，2014年上半年已经达到了20亿元。2013年，集团提前两年实现了"百亿"集团目标，成为全国省级广电经济效益增长较快的媒体集团之一。浙江广电连续4年荣获"中国最具价值品牌500强"。

1.浙江广电的管理模式和组织架构

浙江广电集团目前实行"统分结合、统分有度"的管理模式。集团领导机构由党委会、管委会和编委会组成。集团党委集体领导，全局统筹决策，议决重大事项，党委书记兼任集团总裁，党委成员按照业务归口分工负责，不具体分管部门和频道，实行党委领导下的分工负责制。管委会主任由总裁兼任，成员包括副总裁和办公室、人力资源、财务中心等部门负责人，负责集团除宣传管理外的日常事务管理；编委会主任由总编辑担任，成员有副总编、总编室主任和广播、电视频道各一位总监、新媒体中心主任，主要负责集团宣传和节目调度。"统"是集团通过管委会和编委会以及各职能部门对人、财、物和法务、信息、知识产权等资源进行宏观调控和集约管理，办公室发挥督查协调作用，真正做到大事有人管，过程有人促，责任有人担。"分"是对广播电视各频道实施频道化管理，对频道和直属经营单位实行目标管理，赋予充分自主权，实行人财物权力下放，充分发挥频道的自主管理的能动性。

浙江广电集团严格执行管理制度，强化年度考核。集团党委下设考核领导小组，由办公室和人力资源作为牵头单位，每年抽调40多人，分为4个小组，按照年初制定的岗位目标责任，分门别类进行考核，靠量化确定政治荣誉和年终奖金。出现工作失误和完不成指标任务的部门和频道，领导班子随时调整。

2.浙江广电实施事企一体化运作

浙江广电集团成立之初，即创建浙江广电传媒有限公司，实行事业集团与企业平台一体化运作，集团与企业两块牌子一套班子。浙江广电传媒有限公司为浙江广电集团所属全资公司，作为浙江省省属重点骨干文化企业，享受减免企业所得税等优惠政策。传媒公司领导层由集团领导兼任，集团和传媒公司财务事项由集团财务部统筹管理。

浙江广电集团和浙江广电传媒有限公司均实行企业会计制度，省财政对浙江广电集团及浙江广电传媒有限公司的财务和资产按照文化企业管理相关程序执行。年度财务报表报财政备案，集团及传媒公司在设备购置、劳动用工、薪酬管理等方面享有较大自主权。浙江广电集团及浙江广电传媒有限公司还享受免征文化事业建设费的优惠政策，省财政对浙江卫视外省落地费等业务不定期给予专项资金扶持。这样的体制使得浙江广电实现两手互动，事业产业优势潜力得以释放。近年来，浙江广电集团通过企业化运作，先后投资50亿元，建设总面积45万平方米的"浙江广电传媒大厦"和"浙江国际影视中心"两大省重点文化工程项目，成为迄今浙江省投资规模最大、档次最高、功能最全的现代化广播电视建设项目。

3. 浙江广电的频道制管理

集团根据广播电视频道禀赋和整体发展规划确定各频道广告经营指标，集团每年收取频道广告创收总额的50%作为上缴利润和频道技术设备购置配备的费用；广告经营创收剩余的50%作为频道运营费用，按照规定的经费用途比例（人头费、办公费、宣传费、经营成本等科目），10万元以内的资金由总监签批，10万元以上的由分管财务的集团领导签批。频道在选人用人及辞退方面拥有决定权，人事管理部门协助管理。员工无论编制内外，实行同工同酬。编制外员工一律签约到浙江广电传媒有限公司，为企聘身份，享受与编内人员同等待遇，并可竞争处级职位。频道科级职位数由集团人事管理部门下达，由频道自己确定人选向集团报备。频道领导班子配备实行竞争上岗，由集团党委确定。员工薪酬由基本工资、绩效奖、年终奖和超产奖组成，采取月奖和年终奖两种方式。年初集团统一确定员工全年绩效奖金额度，60%的绩效奖金额度分成12个月，每月由总监分配发放，剩余的40%作为年终考核兑现。频道经营业绩不好，就会拿不出钱来，彻底打破频道间分配的"大锅饭"。如果完成了任务，集团还会对班子成员再进行奖励，频道超额部分10%上交集团，90%留给频道。为了杜绝频道滥发奖金，为频道未来发展储备资金，对于频道超产奖发放实行"削峰填谷"政策，以内部发放奖金的多少，确定上交集团的不同系数，进行总量调控。比如频道要从超额部分拿出3万元发奖金，就要上交集团3万元作为调控基金。频道拿出6万~10万元，要按1∶3上交集团作为调控基金。频道拿出10万元以上发奖金，要按1∶10上交集团作为调控基金。另外，集团还设立总裁基金，用于日常工作中优秀个人和项目奖励，做到随时兑现。在广告管理上，浙江广电已经实现了品牌优化，广播没有专题广告，广播电视广告按照实际播出量和实际应收款来进行核算，每一笔都是实打实的收益，不存在寅吃卯粮和代理费返点等问题。这种管理体制和运行机制，使频道具有充分的自主经营权和巨大的责任压力，集团上下充满创造力和活力。

4. 浙江广电的廉政体系和媒体文化建设

浙江广电集团高度重视廉政体系建设，将纪检监察与审计合二为一，配备20多人的纪检监察审计队伍，对重点项目、大型活动、频道运营进行无缝隙全覆盖监管。一是梳理排查高风险点，重点对设备采购、广告经营、工程建设、新闻采访、影视剧购买、灯光舞美转包等开展排查；二是日常的监管，每个频道都设有专门会计，从日常账目抓起，监管关口前移；三是专项教育，对专项人员、广告人员、设备采购人员、电视剧购买人员定期进行廉政谈话，警钟长鸣。这种事前有教育、事中有监管、事后有审计的全方位立体化廉政体系，为确保浙江广电高速发展发挥了重要作用。

浙江广电倡导激情文化、实干文化和幸福文化，坚持民生为本，每年确定办成几件大事惠及职工。这几年，下力气改善员工办公条件，改善食堂服务，增加午餐补贴，食堂24小时对员工开放，晚上12点回家员工必须打车，办好"暑期疗养"，这些措施受到了员工的欢迎和好评。推行员工谈心走访制度，集团领导与所有处级干部谈心，部门领导与所有部门员工谈心，疏解员工情绪，记录要解决的问题，并分门别类，限定时间、限定责任人解决，将大量问题和矛盾化解在了基层。浙江广电高度重视人才培训，构建了"基层、省内、全国、海外"四级员工培训体系，每年组织近千名员工参加培训，所有新晋科级干部一律到乡镇挂职锻炼半年，增强实干能力，凝聚起了干部职工的心劲和力量，加快推动事业发展。

二、浙江广电发展给我们的启示

浙江广电自2001年组建集团，实行事业单位自收自支企业化管理，清晰的定位为自我发展扫清了体制的羁绊。通过事业产业两个平台，用足用活政策和市场资源，为自身发展创造了较为有利的外部环境，解决了人才引进、使用，克服了分配上的"大锅饭"，激发活力，实现裂变式发展。对比浙江广电发展，我们的步伐偏慢，实力明显偏弱。其原因主要是缺乏使全台经营资源能够同市场对接，促进全台管理运营，加快产业发展的机制和平台。为适应不断变化的内外环境，进一步深化内部改革，我台作为省编办已确定的公益三类经费自理的事业单位，在保持公益事业单位性质不变的前提下，应申请实行内部企业化管理。执行企业财务会计制度，推行符合广播电视业务特点的成本核算体系。我台的年度财务收支预决算根据相关规定报省财政厅备案，省财政对我台延续原有优惠政策。对于广播电视工程、服务、货物的购建，由我台参照国家政府采购的有关规定自行组织实施，并按法律规定建立健全内部采购机构。利用台属企业山东广电投资公司的资质和优惠政策，组建山东广电（投资）集团，搭建省级广电产业经营平台，实行台企一体化运作。在确保正确导向和社会效益前提下，培育文化产业市场主体，全面提升山东广播电视台内在活力和综合竞争力。

浙江广电较好地处理了事业建设与产业经营的关系。事业建设紧紧抓住宣传、平台和人才三大重点，做到内容宣传立场不变、导向不偏、标准不降、力度不减；事业平台适应网络数字技术的发展要求，服务和引领内容生产；人才队伍坚持"党管媒体、党管人才"原则，培养选拔德才兼备的年轻干部。产业经营注重立足主业、规模效益、市场风险三个方面，在做强核心业务上下功夫，在培育新兴产业上求突破，走出一条具有广电特色的"主业型、实力型、效益型"的发展路子。反观我台，由于长期框定在事业单位的管理体制下，事业建设与产业发展界限不清，责任权利义务不匹配，发展重点不清晰，宣传活力不足，人才队伍建设相对缓慢，在加快我台媒体融合发展，实现流程再造，推进制播分离方面，受制于广播电视固有的管理模式，内容生产流程、发布平台、运营方式等都很难发生巨大改变。因此只有通过实行内部企业化管理，深化内部机制改革，在宣传上通过绩效考核激发活力；在平台建设上，实现传统媒体与新媒体管理、运营的有效对接；在人才队伍建设上，通过岗位管理引进、培养高端人才；在产业发展上，实行以利润为中心的目标责任制管理，改变目前的产品经营为资本运作，加快传统广播电视事业产业发展，在激烈的环境中抢占舆论制高点，不断增强市场竞争力和影响力。

浙江广电的管理模式"统分适度"，赋予频道、部门、单位较大的自主权，强化考核管理，管理系统完备，管理思路清晰。其核心是借鉴了企业管理中事业部制管理的一些做法，在集团统一部署下，突出社会效益和经济效益为中心，让担责的人有充分的事权、人权、财权，在同等工作环境下各展其能，优胜劣汰。分配制度上，多是通过市场手段调节，在全台层面的一次性分配从效率出发，注重平衡，在频道、部门和单位的二次分配从公平出发，拉开差距。其"削峰填谷"的政策又有效地避免了效益好的单位滥发奖金的现象，既激励了先进，又防止造成内部分配的较大失衡。其做法值得借鉴。

（2014年10月）

第三辑　见微知著

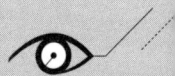

新闻舆论监督的法律思考

近年来，新闻媒体舆论监督的力度正不断增强，一大批带有鲜明的时代特色，发挥舆论监督作用的节目、栏目和版面不断涌现；许多被新闻媒介"曝光"的重大事件，也受到党中央和人民群众的关注。1998年，朱镕基总理视察中央电视台时留给《焦点访谈》节目四句话："舆论监督，群众喉舌，政府镜鉴，改革尖兵。"勉励新闻舆论单位做好舆论监督工作。这一切，是我国新闻事业迅速发展的结果，更是我国民主法制进步的体现。目前，我国正实施依法治国方略。从法律角度思考、分析舆论监督，尤其具有现实意义。

一、新闻舆论监督对实施依法治国方略的重要作用

党的十五大报告提出"依法治国，建设社会主义法治国家"，标志着依法治国方略的正式确立，也意味着我国民主法制建设进入一个新阶段。新闻媒体应该加强法律知识和法治意识的宣传，弘扬"法治"，营造法律至上、人人遵守的社会氛围；在人民群众参与政治，维护民主权利的活动中，新闻媒体更要积极地反映他们的意见，维护他们的权益。

舆论监督是新闻工作的重要组成部分，是增强新闻媒体战斗力、影响

力的一项重要工作。在实施依法治国方略过程中，新闻舆论监督的作用是十分重要的，主要表现在以下几个方面。

1. 新闻舆论监督对普及法律知识和提高全民的法治观念有着强化作用

新闻舆论监督所反映的大多是社会上的"热点""焦点"。许多人物和事件之所以成为"热点"和"焦点"，就在于违反法律法规，违背道德良知。在曝光和披露过程中，把一些法律知识告诉人们，并把法治社会中人的主体观念、权利意识等通过新闻宣传表达出来，使受众明白任何人和任何组织都受法律的制约，都要依法办事。

2. 新闻舆论监督对维护法律的权威，倡导"法治"起着舆论引导作用

新闻舆论监督的重要形式就是批评报道，受众从批评报道中可以受到法治教育，但他们更关注事态的发展和结果。许多人物和事件在"曝光"之后受到法律制裁，问题得到公正的解决，群众就会感受到法治的威力，就会受到鼓舞，坚定信心，就能明辨是非，树立正气。因此，新闻舆论监督对社会生活中"热点"的降温，"焦点"的解决，及时给予舆论上的支持和引导，对于维护法律的权威，营造法律至上的环境氛围，有很强的现实意义。

3. 新闻舆论监督对国家机关和工作人员依法行政和严格执法有着促进作用

依照依法治国的要求，国家事务的决策和运行过程都应依法进行。新闻舆论监督的对象主要是国家机关和工作人员，开展和加强新闻舆论监督，可以促进国家机关工作人员依法行政和严格执法，减少失误，消除腐败，推进各项事业健康发展。

4. 新闻舆论监督可以协调社会各方面的关系

随着社会进步和发展，新问题、新情况不断出现。由于种种原因，在国家事务和社会生活运行过程中，一些地方和部门常常出现"掣肘"和"掉链"现象。新闻舆论监督会引起国家权力机关、行政机关、法律监督

机关和被监督对象的重视，促进各方关系的协调，促进国家民主生活和社会生活正常进行。

二、新闻舆论监督中存在一些难点问题亟待解决

改革开放以来，我国新闻舆论监督的领域和内容不断拓宽和丰富，新闻舆论监督如今已不局限在简单地批评个别人和事，而涉及政治、经济、法律等各个方面。党的十五大报告提出，"加强对宪法和法律实施的监督"，"加强对党和国家方针政策贯彻的监督"，"加强对各级干部特别是领导干部的监督"。新闻舆论监督已成为建设中国特色社会主义民主政治的重要组成部分。

近几年来，各新闻媒介都在下气力研究新闻舆论监督的有效形式，探索实施舆论监督的最佳方法，取得了一定成绩。但是，新闻舆论监督中还存在一些难点问题，亟待解决。这些难点问题突出表现在以下几个方面。

1. 新闻舆论监督缺乏宽松的社会环境

开展舆论监督是广大人民群众的呼声和需要，但在具体实施过程中，新闻舆论监督难是新闻工作者共同的感受。某些人法治观念不强，民主意识太差，平时只愿听赞歌，不愿听批评。一旦新闻舆论监督到自己头上，要么想尽千方百计动用各种关系说情讨饶，要么火冒三丈，以各种名目兴师问罪。还有些人不尊重新闻工作者的人格尊严和人身权利，对记者的工作刁难、干扰、威胁，甚至黑枪袭击。新闻记者的采访报道权和舆论监督权得不到尊重和保障，势必影响新闻工作的开展，无法形成对社会不良现象的有力监督。只有创造宽松的环境，以宽容的态度对待新闻工作者的工作和成果，新闻舆论监督才能顺利进行。

2. 新闻采编人员缺乏法律知识，法治观念不强

新闻舆论监督的对象大多是一些不良现象和违法违纪行为，记者在采访报道时往往会因义愤而感情冲动。如果法治观念淡薄，法律知识欠

缺，就可能因主观偏激而偏离法律。有的报道引用的是法律，说的却是外行话；有的报道引用法律条文不准确，法律用语不规范；报道方式违背法律程序，以情代法现象不同程度地存在着。近两年来，一些记者当了被告，多是采编稿件时不明白法律规定，使用一些带有偏见和有诬蔑之嫌的词句，导致侵犯名誉权案件的发生。事实表明，新闻采编人员法治观念淡薄，法律知识欠缺，不仅削弱了新闻舆论监督的力度，还会产生负面效应，轻者贻笑大方，重者被人送上法庭。

3. 司法机关对新闻舆论监督持排斥态度

我国宪法和人民法院组织法、人民检察院组织法明确规定，司法机关独立行使司法权，不受行政机关、社会团体和个人的干涉。因此，有些人片面地认为，既然司法独立，就排斥新闻舆论的监督。对于司法机关的监督，只要有权力机关的监督和法律机关的监督就足够了，新闻舆论监督影响广泛，公开性强，搞不好会影响司法独立。在这种认识的支配下，有些司法机关表现出对新闻记者采访报道的冷漠甚至排斥。其实，我国宪法和法律从未否认新闻传媒对司法机关的舆论监督，新闻舆论对司法机关监督有着不可替代的作用。首先，通过对司法机关及其工作人员的违法违纪行为和现象"曝光"，会形成一定的舆论压力，推动强制性监督手段的实施，对司法机关和工作人员产生警示作用。再者，新闻舆论监督与司法独立有着同一的目的性。司法独立的目的是使司法机关在司法过程中严格遵守国家的宪法和法律，真正做到"有法必依，执法必严，违法必究"。而新闻媒介对司法机关及其工作人员的监督同样是为了使国家的宪法和法律得到严格执行，防止有法不依，执法不严，贪赃枉法，违法违纪现象发生。

三、加强新闻舆论监督的建议和对策

新闻舆论监督的重要作用在于能够及时不断地反映改革进程和社会生活中的新矛盾、新问题，引起广大群众与党和政府的注意，促进矛盾和问题的解决。目前新闻舆论监督中难点问题的存在已经制约和影响了新闻舆论监督力量的发挥。解决这些难点问题，需要新闻媒介和新闻工作者自身的努力，更需要法律的支持。

1. 新闻舆论监督呼唤新闻立法，依法保护新闻工作者的采访报道权和舆论监督权

党的十一届三中全会以来，我国的新闻法制建设迅速发展，制定和出台了一系列新闻法规，制定和发布了许多政府规章制度。但是，我国的新闻法制建设还不适应时代的发展和要求。根据新闻工作职业特点，应该加快制定有关的法律法规。

首先，明确新闻工作者的采访报道权应受到法律的保护。只要是遵守宪法和法律，只要坚持四项基本原则，有利于维护社会稳定，就应该让记者采访报道。现在有的地方对记者的采访报道限制很多，阻力重重。这不仅限制了新闻工作者的采访报道权，也间接地限制了公民的知情权。因此，对于新闻工作者采访报道的权利和义务，对侵犯这一权利的行为的预防和制裁等，法律应有明确规定。

其次，法律应明确保护新闻舆论监督权。开展舆论监督是推进民主政治建设和依法治国的重要措施，但是目前开展新闻舆论监督还很困难，阻力很大。一些地方和某些人对于记者采访设置障碍，还常常利用法律的不完善，指责记者新闻侵权，把新闻媒体和新闻记者送上法庭，使新闻工作深受干扰。我国宪法规定了公民有批评和建议的权利，如何切实保护新闻工作者的这一权利，预防和制裁妨碍新闻舆论监督的行为，法律应予以明确。

2. 新闻舆论监督应依法监督

长期以来，新闻工作比较习惯党的新闻纪律的监督和约束，对于新闻应受到法律的监督和约束有所忽视。新闻工作要取得权利，必然要承担责任。新闻舆论依法监督，就是要严格遵守宪法和法律的规定，以法律为准绳来报道和评论，并按照法律程序进行。

新闻记者和新闻媒体，不得对涉及国家机密、个人隐私和未成年人犯罪案件公开报道；在新闻报道中不得侵犯公民、法人的名誉权等合法权利；新闻采访报道必须严格依照法律程序，客观报道司法调查和司法审理的过程；不能超越司法权，擅自对案件定性或随意对当事人和事实及证据做肯定或否定的指认；案件审结前，不应发表倾向性报道，不应以感情代替法律；新闻采访方法和方式必须合法，不能使用非法方式获得材料，不得非法获取和泄露司法机密。

3. 新闻工作者要提高法律水平，强化法治意识

目前在宣传报道中，以情代法、法治观念淡薄、法律知识欠缺等现象依然大量存在。强化新闻工作者的法律意识，提高法律素养，已成为新闻界的共识，也是新闻工作者搞好新闻舆论监督的个人素质要求。

专门从事舆论监督的记者、编辑，要认真学习法律知识。这些年来，我国法制建设进程不断加快，新的法律法规不断颁布和实行。新闻记者和编辑要熟知和掌握全面的法律、法规，时刻绷紧法治这根弦。同时，新闻传媒应在记者编辑中培养自己的"法律专家"。在记者编辑中选拔法治意识强、法律知识丰富的人，送到大专院校继续法律专业的深造，使他们成为自己的"法律专家"，专门采访、编辑一些重大事件和进行司法案件的调查，并从社会上聘请法律顾问帮助把关。这样，既可以避免因法律知识欠缺引起失误，又能因报道的准确、公正、客观而树立和提高新闻媒介的整体形象。

（1998年12月）

当代广播文艺节目的创新发展

广播是现代传媒文化的重要组成部分，是一种大众的、普及的、通俗的文化。广播文艺节目是广播文化节目，是广播文化的主体。广播文艺节目以其独具特色的听觉魅力，以其他媒介不可替代的传播形式，用广播元素传播着多元的大量的文化娱乐信息，构成现代广播一个重要的文化传播平台。确立适应时代发展的广播文艺理念，办好广播文艺节目，对推进先进文化传播和建设具有重要的社会意义。

一、当代广播文艺的地位和功能

按节目形态看，广播节目分新闻、社教、文艺三大类。一般地讲，广播的喉舌功能、资讯功能，主要是指新闻节目，社会性教育功能是指社教类节目，文艺娱乐功能主要是指制作播放的歌曲、戏剧、影视剧、广播剧及小品、相声、晚会等文艺类节目。文艺节目在整个广播中占的比重是很大的。文艺频道、音乐频道，主要是播放文艺节目，其他频道的文艺节目播放量也占较大份额。常说"新闻是立台之本"，那么，也可以说"文艺是立台之基"，文艺节目素有广播"半壁江山"之称。目前，几乎没有离开文艺节目的广播频道。

1. 大众文化更新了广播文艺的传播理念

从传播学的角度来看，人是传播的主体，传播是人类借助符号和媒介传递信息、交流思想感情，以期发生相应变化的活动。文化通过声音的形式得以传播，不管是什么人，也无论其所受教育的高低，都可以通过电子媒介的声音与文化接触，这就是广播，"广而播之"。20世纪20年代，广播出现在贫穷落后的中国国土上，逐步成为有史以来影响最广泛的传播方式，电波改变了人们对于世界的感知方式。今天，电视、报纸、互联网等铺天盖地的现代传媒出现了，广播经历一段艰难曲折的发展历程后，重振旗鼓，再度崛起，成为备受欢迎的主流媒体之一。

广播是大众传媒，也属大众文化的范畴。大众文化呼唤着广播，广播作为现代传播手段，理应为大众文化服务，为人民群众提供文化欣赏和休闲娱乐服务。有人认为，广播文艺是以大众口味制作文艺节目，是低层次的文化消费。这种观点虽有偏颇，但阐释了广播文艺的群众性、社会性，广播文艺正是作为大众传媒迎合了人们的文化娱乐需求。广播文艺一开始从属于广播媒体的新闻性，而后逐渐拉开距离，成为一种引导大众娱乐的力量，以其丰富多彩的内容、鲜活多样的形式，赢得大众的喜爱，并且承载了寓教于乐的社会责任。正是这种大众文化的传播理念，使广播文艺铺就了坚实的群众基础，具有了在现代广播中不可替代的地位，并日渐以其娱乐性在人们的消遣生活中成为一个主流媒介。

2. 市场化发展了广播文艺的大众娱乐性

随着我国的经济融入世界经济大环境的步伐，文化产品已经打上了商品的记号，报业、广播、电视、网络形成了多元化媒体竞争格局。广播同其他媒体一样，很快进入传统计划经济向市场经济的转型期。越来越多的从业人员深刻认识到，广播已经不是计划经济时代的广播了。在市场经济发展潮流中，除了不可放弃的新闻性，广播已然深深打上了商品的烙印，已组建起自己的产业，开始对自身的开发与建设。

近年来，广播文艺在市场化的发展中营造了新的市场。北京音乐台、中央广播电台"音乐之声"积极探索市场经济中的广播运作规律，它们同民营公司北京七福公司合作，建立了全新的适应媒体发展的新体制、新机制，大量吸纳境外、国际的广播运作模式和节目内容，使广播文艺迅速发展，节目质量和收听率不断攀升，随着广告额度的不断增加，创造了广播新亮点。北京交通台大量吸纳广播文艺节目，使其与交通节目紧密融合，相得益彰，极大地拉动和拓展了交通广播的市场，成为京城受欢迎的主流媒体，年创收达到2亿多元，与电视媒体并驾齐驱，创造了广播史上的奇迹。这充分证明了广播文艺节目的巨大发展潜力和市场空间，说明了广播文艺的地位和作用越来越重要。

3. 群众多元性的文化需求赋予广播文艺广阔的前景

广播的最大特点也是最大优点是它具有其他媒体取代不了的移动陪伴性。受众可以边工作边收听，边走路边收听，边开车边收听，等等。所以，这种媒体特质决定了广播的无限发展前景。在当今社会，随着生活节奏的加快，随着工作和生存压力的加大，娱乐逐渐成为大众的文化取向。同时，现行的娱乐方式中，人们已不仅仅满足于做一个旁观者，而是进一步要求成为娱乐的参与者，进入娱乐形式之内，以缓解和释放来自工作及生活的各种压力，各种类型的广播文艺节目能够满足人们的这种精神文化需求。现代生活方式的极大改变，也为广播文艺的发展孕育着肥沃的土壤。譬如，我省每年新增二三十万辆汽车，等于每年增加二三十万台收音机，司机只能听广播，一是听新闻，二是听文艺节目，这个市场随着现代化的进程，会越来越大，无限拓展。广播电台文艺节目根据大众的需求，为广大听众提供大量时尚高雅、丰富多彩、优美动听的文艺节目，营造出轻松的氛围、轻松的格调，为人们提供及时的休闲娱乐服务。

二、当代广播文艺节目的特点

广播文艺内容丰富，形态多元。就节目形态而言，包括歌曲、音乐、戏剧、广播剧、影视剧剪辑录音、相声、小品、曲艺、小说及各种形式的文艺晚会等等。广播文艺节目具有一般性文艺节目的共性，也具有独特的个性。把握广播文艺节目的个性，认识其规律和特点，是做好广播文艺节目的重要条件。

1. 广播文艺节目具有鲜明的时代性

广播文艺是时代的产物，是与时俱进的文化，始终代表先进文化的发展方向。广播文艺与其他形式的教育方式相比，文化的传播更具有广泛性、普及性和时代性。因为广播是文化的变动着、延续着的载体，人们通过被动接受广播这种方式融入更大的社会，自觉或不自觉地成为社会文化的接受者。人们的社会实践环境不断变化，对广播文艺的需求必然不断发展。也就是说，广播文艺的受众市场在变化，广播文艺的内容及其表现形式无不体现着时代的风格，适应着人民群众不断增长、变化的精神文化需要。

纵观目前各个电台的广播文艺节目，反映时代的主旋律是广播文艺的主题。实践说明，与时代同步，与生活相融，是广播的生机活力之源。在新中国成立初期，广播是主流强势媒体，是人民群众精神文化生活的主阵地之一，那时是广播文艺的鼎盛时期。广播电台大量播放的是反映建设新中国、讴歌革命传统精神的歌曲、戏剧。改革开放后，广播文艺注入了新的生机与活力，大量制作、播出反映改革开放和具有创新精神的优秀文艺节目，其中包括外国文艺的内容。近年来，广播文艺的现代、时尚、多元的趋势增强，内容更加丰富，节目更加生动鲜活，充分体现着时代前进的脉动，集中反映着当代人的文艺审美、价值观念和欣赏情趣。比如，山东广播文艺频道的曲艺栏目《欢乐剧场》，以生动鲜活地反映当代人民群众生活的相声、小品、笑话为主打形式，以生活中常见的各种典型现象为内容，以博得听众会心一笑为目的，诙谐幽默，充满哲理，赢得了广泛欢迎。山东广播第六频道的《戏剧大舞台》节目，每天精心策划编排中老年受众欢迎的京剧、吕剧、豫剧等戏曲，精彩纷呈，信息量大，给人民群众送去了精美的精神食粮。新创办的山东广播音乐频道，紧紧跟随时代的脚步，适应受众的欣赏规律和特点，把频道定位在18~45岁的青年一族，24小时不间断地大量播放现代、时尚、休闲、浪漫的流行歌曲，有国内的，也有国外的，有新创作的，也有大量脍炙人口广为流传的，受到广泛好评，受众市场越来越大。

时代在变化，广播文艺在发展，造就深受欢迎的独特而又新鲜的节目形态，并向着边缘化发展，戏曲中有文学，文学中有音乐，音乐中有新闻，调动文艺的多种形式重新组合，今天的广播文艺拥有了新鲜的活力和强大的市场竞争力。

2. 广播文艺节目体现贴近性

人民大众喜欢广播，爱听广播，原因之一是广播承载着将高雅的文艺大众化的作用和使命。高雅的歌曲、戏剧等等，通过无线电波送入千家万户，送达无数听众，成为人们休闲娱乐的一块园地。广播的这种娱乐功能成为它贴近实际、贴近生活、贴近群众的极大优势和特点。

广播节目要体现贴近性，首要的是根据听众的爱好办节目。山东广播文艺频道的《同唱一首歌》，在这方面做了成功的探索。我们知道，每当人们追忆往事的时候，脑海里、心底里总有激情年代的回放，伴随的常常就是熟悉的旋律、难忘的歌曲。《同唱一首歌》节目就是按照这个理念创办的。它的主题语说道："音乐就像空气一样，是生命不可或缺的要素。呼吸音乐的味道，感受音乐在体内的能量。《同唱一首歌》将送与您最真实的经典，伴您回味流金的岁月。"节目主持人精心选编不同年代的代表歌曲，吻合现代人的怀旧心理，每支歌几乎都能引起追思，打动人们的心弦。这个节目的贴近性显露无遗，所以在历次收听调查中名列榜首。

广播文艺节目要体现贴近性，必须遵循人们的审美理念和情趣办节目。人们审美理念和情趣是由物质条件决定的。当物质生活水平提高了，精神需要必然提高，对文艺、音乐的需要随之提高。从发达国家看，文艺广播中的音乐频道市场空间最大。据2002年美国广播电视协会（NAB）提供的资料，全美总共13817家电台，其中，新闻、谈话台1761家，老年台816家，体育台391家，音乐台9000多家。音乐台又细分为很多门类，其中乡村音乐台最多，为2134家，成人抒情、热门成人抒情、轻柔成人抒情、城市成人抒情4种共1577家，摇滚、现代摇滚、古典摇滚、另类摇滚共1172家，节奏蓝调、成人节奏蓝调、老年节奏蓝调共287家，等等。在美国，宾馆房间里不仅有电视，也有广播收音机，打开后既有新闻，也有大量音乐节目。美国2001年广告总投入为1500亿美金，其中，广播占到10%左右。广播为什么如此发达？一是美国有2亿多辆汽车，驾车听广播的人多；二是美国人酷爱音乐。经济条件上去了，人们喜欢文艺、欣赏音乐的情趣必然会逐步提升。

广播文艺节目的前景是无限美好的。广播人必须紧紧跟上现代化的脚步，紧紧跟上人们艺术欣赏水平不断提升的步伐，积极创办各种形式的广播文艺节目，从而不断满足人民群众日益增长的精神文化需求。目前，北京电台、中央电台创办的音乐频道已经走出了一条成功的路子。山东广播音乐频道也效仿北京、中央台，打造了一个全新的音乐频道，听众越来越多，发展势头良好。实践证明，只要从实际出发，从听众市场的需求出发办节目，就会走出新的道路，走向更宽广的市场。

3. 广播文艺节目编排的艺术性

广播文艺是编辑的艺术。从国外情况看，电台播放的广播文艺节目，大多数不是自己原创的，而是播放的串编节目，即靠编辑把各种文艺节目汇集、编排起来，重新组成一档主题节目，或者串联成整个频道的节目。这是广播文艺节目一大特点。比如，山东广播音乐频道全是串编起来的流行歌曲，这些时尚、健康、脍炙人口的现代流行歌曲，让听众不间断接受音乐熏陶，随时随地，任何时候打开收音机，都能听到优美动听的歌曲，改变了过去电台插播歌曲或办一两档文艺节目，不方便群众收听的状况。

该频道播出半年来，深受听众欢迎，影响越来越大。串编节目并不是简单的劳动，串编也需要创新，需要凸现艺术性。山东广播文艺频道的《同一首歌》，每天编排的节目大都经过精心策划，认真选定主题，精心筛选组合，使整档节目浑然一体、主题鲜明、优美动听。遇到节庆日，就根据节日主题选编相关经典曲目，既满足了听众需求，又营造了节日氛围，产生了较大的社会反响。广播文艺节目要通俗的、大众化的文化传播，串编、精选人民群众耳熟能详、喜闻乐听的节目，容易引起共鸣，从而使广播产生不可替代的感染力和影响力。家中播放的磁带、VCD等文艺节目是定量的，受众听多了很易厌烦，广播电台播放的大信息量的常听常新的音乐、歌曲、戏剧、相声、小品等文艺节目，会不断满足和适应听众的精神需求。

三、当代广播对文艺节目提出创新要求

时代在发展，受众主体的知识结构在提高，审美趣向在变化，广播文艺节目必须随之变化发展。这就需要节目制作主体不断创新，常变常新，强调和突出娱乐服务功能，以适应受众的日渐变化提高的审美和欣赏需求。创新是一个渐进的过程，是一个不断总结扬弃的过程，是从观念意识创新到节目运作形式创新的过程。在一个媒介组织内部，节目是它的核心产品，节目生产与传播的终极目的是让审美主体在节目中获得某种体验，也就是提高受众价值，影响受众的注意力，增强受众的消费力，从而拓展广播的市场空间。

1. 加强文艺节目的策划创新

节目创意决定创新，创新源自策划。节目策划是灵魂，策划水平决定节目质量。成功的广播文艺必须特别重视节目策划，注重把每档节目办出新意，办出新水平，办出新感觉。只有这样，才能感染、吸引受众，满足受众的娱乐和艺术需求。文艺节目的策划创新，首先要从听众的需要出

发，按照听众的好恶量体裁衣，也就是说，一切以听众为中心来创作节目。这是广播文艺节目策划创新的首要原则。近年来，成功的文艺节目都是从受众的需求出发策划了独具创意的节目。比如，中国国际广播电台创办的《Easy FM》和《Joy FM》节目，经过精心策划，把节目定位于公司白领和大学生一族，精选时尚、高雅、轻松的国内外流行歌曲、音乐。有古典的，也有现代的；有国内的，也有国外的；有钢琴曲、小提琴等西洋乐曲，也有二胡、古筝等民族乐曲等等；一会儿如行云流水，优美动听，一会儿铿锵激越，催人奋进，让人听起来心旷神怡。主持人一边播放节目，一边与听众交流，形成一种虚拟的空中剧场的感觉，可谓给听众送去丰盛的艺术大餐。这个节目历经多年而不衰，越办越好，广受欢迎。这说明，创新不是抽象的，也不是高不可攀的，从听众愿望出发，让听众满意，节目策划就是创新，就是成功。文艺节目的策划创新，要遵循广播规律，按照艺术原则和特点进行。比如，对音乐节目的策划，要特别注意广播音乐与受众的关系，创办适合广播听众的音乐节目。广播是传播音乐的最佳方式之一。因为，音乐是人类最典型的一种唯一只靠听觉来实现的艺术。著名传播学专家认为，现在流行的MTV（音乐电视）是新型的艺术样式，强调的是对视听艺术的享受，强调了音乐的视觉化，突出了画面的图解功能，但它在某种程度上限制了欣赏者对声音带来的形象的想象，弱化了听觉对艺术的理解和享受。如把《蓝色多瑙河》乐曲配上优美的维也纳风景，把《十面埋伏》乐曲配上金戈铁马的战争场面，这样会分解人们对音乐的感觉，把一部分注意力固定在某些僵化的视觉图像上，那些个人化的自我想象及审美快感，就可能被扼杀了。通过广播单一的音乐元素来收听音乐，听众的想象力会丰富多彩，可以随着音乐的旋律任意驰骋，陶醉于无限美妙的音乐虚拟世界。鉴于这种情况，策划编排广播文艺节目特别是音乐节目时，必须使每档节目的主题更加鲜明，选择相对集中的同类乐曲，使多部乐曲组成一种风格，从而产生较大的震撼力、感染力和冲击力。

2. 加强文艺节目的编排创新

广播文艺节目大量是靠文艺编导编排、重组过去的优秀节目形成的。精心编排、创新编排是办好节目的基本要求。编排创新，实际上是把文艺节目由形态分散变为形态集中，由思想零乱变为主题集中，由"腐朽"化为神奇的过程。无数繁杂的节目经过高超的编辑之手，就会成为一档思想精深、艺术精湛、欣赏性和娱乐性强的文艺节目。这就是广播文艺节目的神来之笔、创新要义。编排创新要根据节目定位串编一系列相关的精彩娱乐节目。节目定位决定着节目内容。一个频道、一档节目的质量和水平高低，就看节目内容的质量和水平高低，就看它是否从受众的需求和兴趣出发，确定节目内容。因此，精心策划，精心选题，选择并确定节目内容至关重要。有时可根据节目主题进行编排，有时可根据重要活动、节假日的主题进行编排，有时可根据节目形态、类别进行编排，由此可重组成新的歌曲、戏剧、相声、小品或综艺等多种多样的文艺节目形态。电视媒体的成功经验给我们以启示。央视三频道定位于文艺节目，面向广大群众，精心打造了《星光大道》《舞蹈世界》等栏目，还大量串编《同一首歌》《艺术人生》等央视名牌栏目播放过的精品节目，整个频道凸现文艺特点，突出娱乐主题，每天播放的节目像一串串珍珠，精彩纷呈，引人入胜，获得极高的收视率。这是对整个频道进行整体编排运作的成功范例。央视一频道制作播出的《曲苑杂坛》节目，牢牢把握"曲艺"这个定位，每期精心选编、串编荟萃中外优秀曲艺节目，个个有趣，场场精彩，欣赏性、娱乐性极强，深受广大观众喜爱。山东广播第六频道的《戏剧大舞台》节目，面向中老年听众，精心选编各种戏剧，精选名家唱段，每期收到大量听众参与电话和手机短信，产生了良好社会反响。实践证明，围绕节目定位，精心选编，精心组合，是办好广播文艺节目的重要原则，也是一条成功之路。串编节目，既节省了资源，又重组了精品，既是重复劳动，又是新的创造，是我们应当着力坚持和把握的一个重要编导原则。

3. 加强原创性文艺节目创新

作为地方广播电台，原创性的文艺节目并不多，但这并不意味着没有或不搞原创性节目。其实，歌曲、相声、小品、广播剧等等，我们都可以积极地创作和播出，也完全有能力、有水平去探索创新。广播剧是具有广播特色的文艺样式，它具有戏剧的特点，反映特定的生活内容和主题思想，有生动的故事情节、尖锐的矛盾冲突，塑造鲜明的个性人物，同时包含着文学、音乐等各种艺术因素。它纯粹用声音来叙事，并利用音乐、音响手段来完成艺术创作和感情渲染，使听众身临其境，在声波虚构的故事中漫游。广播剧是深受人民群众欢迎的文艺形态，也是广播文艺节目中的重头戏。多年来，省广播电台十分注重广播剧的创作与播出，积累了较为丰富的经验。在第七届全国"五个一工程奖"中排名第一的广播剧《孔繁森》是省台原创性节目的代表作。对当代领导干部的楷模孔繁森的事迹，电视、电影等艺术形式都进行了表现，广播剧如何塑造这位模范人物，文艺台的主创人员经过反复思考，反复探索，找到崭新的切入点，即重点打"亲情"牌，从女儿、藏族同事、上下级同事3个方面入手，充分利用广播剧声音的处理和调度，从情感的细节切入，生动、真实、细腻、逼真地展示了孔繁森的模范事迹和高尚人格情操，听后让人激动不已，潸然泪下。比如，广播剧其中一段台词，在孔繁森第一次援藏回家探亲的时候，家里人都以为他不会再走了，但是，离家8年之后他还是选择了离开。临行前，孔繁森与妻子王庆芝的对话：

（孔繁森卧室。）

（孔繁森深深地叹息。）

孔繁森：庆芝，你听我说。

庆　芝：我不听！你的自豪感我已经听了8年了。你第一次进藏的时候，小静8岁，小杰5岁，玲玲还不到3岁，你拿起包就走了。你知道我怎么把他们拉扯大的吗？

孔繁森：我知道，知道。

庆　芝：不，你根本不知道，因为我从来没告诉过你。我没说，我也不许孩子们对你说。我告诉他们，咱们再苦，全家人守在一起，你爸爸是自己一个人在西藏，还记得去年我那场大病吗？我是在你走后第二天吐的血，可实际上，你走以前我已经觉得很难受了。我对自己说，我不能倒下，无论如何不能倒下，我得让你高高兴兴地走，别带走一肚子心思。你走后第二天，我就大吐血。你知道不知道？当我看到自己吐的是血的时候，我心里突然觉得一阵轻松。我想，这回也许没命了，我死了，你就不能不回来了。孩子们从小见不到爸爸，这回，就可以和爸爸在一起了……

孔繁森：庆芝，这么大的事，你当时怎么不说呢？

庆　芝：说什么？多少苦，多少难，我都咽了，为什么？因为我觉得你在那边的工作还没完，我不能拖你的后腿。可现在，两次进藏都到期了，为什么还要去？你说，你说呀！

孔繁森：庆芝，这些年我欠家里的太多了，我也想，我也难啊。你看看我头发都白了。头两年还没有，这一年多一下子白了这么多。一个48岁的人，一个人在外面待了八九年，能不想回家吗？可是你让我怎么办？我在那儿待了八九年，大家相处得都挺好，当那儿的领导让我留下，我怎么说？说不，拍拍屁股就走？我知道把咱家的情况告诉领导，他们会同意的。可是我自己的心呢？想起当那儿需要我的时候，我却悄悄地溜回来了，我心里会不安宁的。就是晚上守着你们，我会想起那里，我不会过得舒心的。你也不会，庆芝，我了解你，你也不会。

（庆芝哭泣声。）

孔繁森：是啊。我要是回去，我们这个家又怎么办呢？当领导跟我谈了以后，我想得最多的就是咱们家，娘，你和孩子。娘91了，91岁的人就像熟透了的果子，谁知道哪天就会落地？娘最疼我，万一她有个三长两短，我赶也赶不回来，那我这辈子就别想安生了。还有你和孩子，难啊，可是你让我怎么办？一边是自己的家，一边是组织的安排和自己的责任，你让我怎么选择？

这一番对话，真切展现了孔繁森作为一个丈夫、父亲活生生的情感世界，从他的选择我们看到了他的平凡及平凡背后的伟大。由此展示了广播剧的魅力，也揭示了广播剧创新的内在要求之一，这就是从细节上艺术地揭示人物的情感世界。广播剧《侯金笔外传》则探索了一条轻喜剧的创作之路，从一个县文化馆的馆员的视角，对社会上片面追求文化达标活动，做了讥讽和鞭挞。该剧截取侯金笔这个人物在达标活动中的3个有代表性的事件：从一炮而红为民政局文化达标创作《民政工作者之歌》，到主动为好友单位创作《殡仪馆之歌》，再到被请求为自己村写村歌这样貌似荒唐实际却相互关联的轨迹，将一个荒唐的事件推向"高潮"，充满哲理，耐人寻味，极具嘲讽意义。实践证明，地方台只要思想解放，积极深入生活，捕捉典型，再加上勇于创新，就一定会创作出一流的原创性文艺节目。创作广播文艺节目，要遵循艺术规律，勇于创新，独辟蹊径，走出新路子。湖北台创作的音乐专题《永远的峡江号子》是一个成功范例。该节目充分运用广播的艺术元素向听众介绍了鲜为人知的"峡江号子"的成因、内容、特征、性质，生动细腻，淋漓尽致，动人心弦。"峡江号子"从远古到今天已经延续了几千年，"浸透了无数纤夫的血泪"，而当三峡大坝已经蓄水，长江天堑已不复湍急凶险的今天，曾经表达着船工们生存和命运的"峡江号子"，得到政府的重视和世界的关注，将这一长江三峡文化的活化石录音录像，整理存档，成为艺术文明史的一个组成部分。节目中有81岁的"峡江号子王"胡振浩老先生讲述船工们"放滩"的一段，听了犹如身临其境，心绪难平。紧接着一段描述："每一次放滩，都是一次对生命的考验。……三峡岸边的一座座望夫石，一块块望江滩，就是历代船工们血泪的见证，多少妇女望不回丈夫，多少母亲失去了儿子。正是长期在这样的环境中，他们创作了一首又一首船工号子。"此时此刻，我们脑际似乎浮现出船工放滩西陵峡的惊险画面，与真情描述产生共鸣，眼前展现一幅峡江船工生活的立体画卷。可见，广播文艺节目的创新，在于使人们进入一个虚拟而又真实的世界，给人以思考、以震撼和洗礼。

4.加强文艺节目主持风格的创新

我们身处高效率、快节奏的竞争时代，紧张的工作生活，带给人们的压力也很大，更多的人希望在工作之余，有一个相对放松的氛围，舒缓一下紧张的情绪。因此，广播文艺节目要特别重视审美和休闲娱乐功能，要求主持人调动受众收听兴趣，精心打造轻松的收听环境，创出新的节目品牌。节目主持人主持节目时，必须做相应的情感运动。所谓情感运动，就是要求主持人把节目的主题变成自己的话来提示听众，使情感随其字里行间所表达内容的起伏而活跃起来，勾勒通俗易懂的解说词，起到画龙点睛的作用，让人们得其要领。尽管节目内容种类庞杂，名目繁多，但在表达时都离不开思想情感上的一个"动"字。简而言之，动则活，不动则死，这直接关系着节目的成败。主持人在节目中不仅要让自己的感情运动起来，还要很好地运用自己的声音特色，达到情与声的和谐统一，声情并茂，以情感人，从而达到感动听众的目的。广播文艺节目，不同主持风格造就不同的节目类型。广播节目主持人是节目的代言人，是电台的形象，其综合素质要求是很高的，风格是多样的，总的要求和标准起码要做到以下几点：一是要有较高的思想涵养。主持人既有较高的马克思主义理论水平、政策水平，又具有丰富的社会知识，涉猎广泛，能够做到厚积薄发，挥洒自如。二是要具有清晰的、高超的表达能力，能够快捷清晰、有条不紊、提纲挈领地把节目的主题、内容、特点等传递给听众，不要啰啰唆唆，不得要领。要用少而精、少而美的语言画龙点睛，抓住和打动听众。三是具有动感活泼的时代风格。文艺节目主持人不同于政论谈话类的主持人，它需要引领听众、感动听众、激发听众，自己首先要具有超前的观念、充沛的活力、时尚的风格，才能为听众所喜爱。特别是文艺娱乐类的节目主持人，必须凸现时尚、活泼、前卫的特色，知识面要宽，语言形象要美，表达的观点要超前，形成时尚前卫的娱乐代言人的风格，树立动感活泼、休闲放松、个性突出、令人喜爱的主持形象。

目前，应当看到，广播文艺主持的风格日趋多元、开放，越来越受听众欢迎。但总的来看，广播主持人特别是文艺娱乐节目主持人不如电视主持人放得开，从观点提出、语言表达到话筒前的形象，广播主持人过于保守、传统，思想放不开，知识面窄，话语陈旧，主持风格不够前卫。电视文艺主持人却做得很超前，思想敏锐，语言活泼，灵活多变，个性突出。这是一个制约广播文艺发展的重要问题，理应引起广播人的深思。广播比电视更具有语言表达力和特殊的隐密性，主体与客体之间更易敞开心扉交流，应当在坚持正确导向的前提下，比电视更开放、更前卫一些，表达更活泼、更洒脱一些，风格更具特点、更有个性一些。这样，广播才会更具有吸引力、感染力和冲击力，才会获得更大发展。

5. 加强文艺节目制作的创新

广播文艺节目制作是编辑与技术人员合作完成的。节目制作对于节目质量举足轻重，对精品节目的要求就是制作精良，播出效果必须达到技术指标。随着数字技术的发展，广播文艺节目的制作也必须不断创新发展，提高技术质量，从而提高节目的艺术质量。文艺节目制作包括录音、合成两大部分。一是录音要精美。声音是广播的灵魂，广播文艺节目对声音的要求是精益求精的，要保证音质的纯净。录音的过程是技术人员操作完成的，对于静态的节目，节目制作人要把握播音者的语气连贯，尽量避免声音失真。录制专题性文艺节目时，对播音的速度、情感的把握有比较高的要求，纯美的音质才能保证后期合成的完美。另外，多轨录音要清楚分辨声音的层次。对播和群播的节目，一定要有语言的主次，分清声音区域。例如，朗诵节目，调度男女声，调度主诵和群诵，声音应该是线性贯通，而不是块状模糊的。对于广播剧这样动态、有剧情表现的节目，除了音质的要求，还有人物之间的主次区分、远景近景的区分等更复杂的声音录制要求。山东台录制的长篇连播《鲁西监狱》，采用男女对播方式，声音搭配刚柔并济，与书中情节融合，以整体和谐美，获得全国广播文艺长篇连播一等奖。对音乐戏曲节目的录音，更要清晰分开演唱和乐队的声音区域，把握乐队中不同乐器的声音特点；缩混时，注重控制各自声音比例。山东台录制的二胡协奏曲《一枝花》，以精准的乐器结构比例，释放饱满的乐感，获得全国录制技术一等奖。二是要合成精良。调动多种声音元素，使它们综合起来形成完整统一的节目，这就是合成过程。一个精品节目的成功，在很大程度上依靠合成功力，播出效果的感染力同样体现在合成过程。合成是节目制作的后期工程，合成质量的优劣直接关系着节目的艺术质量。如电影录音剪辑，需要把"解说"、电影录音素材（有时还有配入的音乐、环境音响）综合在一起，这种综合无疑是一种"复制台"上的创造。综合的重要问题是达到"有机性"，合成时要使声音素材达到有机结合，着重把握节奏和情绪。声音素材紧密衔接，可能产生激动紧张效果，但若留出短暂的空隙，也可能使气氛更显紧张，造成极强的冲击力，这里完全依靠对声音艺术感觉的具体把握。广播剧的合成过程，是一个再创作的过程，是所有广播文艺节目中最复杂的。人物语言、环境音响、音乐，动用众多表现手段，而这些表现手段又要一一展现各自的作用和各自承担的剧情，多个层次浓缩，声音在这里被精心细化。中央台获亚洲广播联盟大奖的广播剧《沙宝》，在合成方面堪称典范。其中有一个展现沙尘暴袭来，吞噬了沙宝性命的场景。从沙暴由远而近的啸声中，人们听到沙粒滚动的声音，听到裹在沙暴中树干和树枝断裂的声音，听到人的叫喊和幼小的身躯被刮过的沙尘掩埋的声音……声音层次分明，细微可辨，成为剧情叙述的亮点。听众通过这样的声音表述手法，不必亲临其境，便可以感知环境恶化带来的可怕后果，了解湮灭一切的沙尘暴，同样可以吞噬我们的家园，从而引起人们对环境的关注，对自身生存条件改善的思考。这个节目播出后引起了较大社会反响。由此可见，精良的技术合成是做好节目的重要基础条件。

广播文艺是综合艺术，是不断繁荣发展的艺术。广播人解放思想，与时俱进，不断开拓，精心经营这块艺术园地，一定会迎来百花盛开、更加绚丽多彩的明天。

（合作者：于钦彦、蒋倩　2003年6月）

娱乐节目主持人的观念和素质

如今，娱乐已成为大众的文化取向，成为社会生活的主流。体现在广播电视媒体上，从中央台到省级台，娱乐节目大行其道，遍地开花。娱乐资讯节目、综艺游戏节目、益智竞赛节目、音乐娱乐节目、真人秀节目，和新闻节目一起成为媒体提高收听（视）率的主要法宝。

如何做好娱乐节目？出于工作需要，连续2个月，笔者收听收看山东省级广播电视媒体一批娱乐节目，对娱乐节目主持人有了一些看法和想法。

一、当前娱乐节目主持人存在的问题

业内人士都知道，同样的一个节目策划案，不同的主持人和主持方式会形成品质完全不同的两档节目。娱乐类节目更是如此。节目主持人是娱乐节目的一个亮点，是丰富节目的娱乐手段，是娱乐节目的招牌，是娱乐节目的灵魂。现在的娱乐节目主持人大多难尽如人意。细细分析，存在以下问题：

一是平铺直叙，缺乏精彩。这是主持人的通病。他们只会按照导演、编辑给定的节目流程照葫芦画瓢，不会主动创造亮点，也抓不住节目中瞬时一现的精彩之处加以强化、放大。节目虽然没有漏洞，但缺乏神来之笔，提不起听众、观众的兴趣。

二是生涩冷漠，缺乏幽默。有的主持人天生没有幽默感，虽然主持娱乐节目，但语言呆滞，面容僵硬，偶有微笑却不灿烂；有的主持人素质低，想幽默却不知从何幽默起，说话逗乐把握不好火候，不仅让人乐不起来，还常常大煞风景。听众、观众关注娱乐节目，就是图个轻松、娱乐，结果主持人把节目弄得索然无味，不能让观众、听众获得轻松一笑，节目就失去了一半的吸引力。后期加上的一些假笑，缺乏与之匹配的现场情景，显得极不协调。

三是对唱工整，缺乏活力。许多娱乐节目采用两人主持的方式，有的是一男一女，有的是两女或两男，只要符合节目风格，完全可以。但是，大多数主持人习惯于你一句我一句，平均分配场上节目时间，看似配合默契，滴水不漏，却显得呆板死气，缺乏变化与活力。

四是互相抢话，缺乏默契。男主持人刚一开口，女主持人就滔滔不绝讲开啦，常常是长篇大论，毫无边际，信口开河，搭档没空插嘴接招，只有站在一旁傻笑发呆的份儿。这种抢话，会使节目流程条理不清，缺少配合，很难有好的效果，给听众、观众留下傻气的印象。

二、娱乐节目主持人要树立全新观念

娱乐节目主持人应该具有较强综合能力。目前越来越多的节目采取多环节综艺组合方式，常常融合访谈、游戏、表演等多种元素，要求娱乐节目主持人要拥有多种能力，有一定社会阅历和知识水平，有幽默感，会采访，能表演，能营造或烘托气氛，能把握节目进程和节奏。只有这样，才能挥洒自如，调动一切元素，促使节目戏剧化、娱乐化。

那么怎样才能成为一个好的娱乐节目主持人？首先要更新观念，放下架子。

多少年来在节目主持人的培训教育和管理上，给节目主持人附加太多的责任和角色，比如官方代言人、媒体代言人、社会公益代言人等等，使得节目主持人总有一种高高在上、端个架子的感觉。在许多娱乐节目中，娱乐形态的表象背后，充满主持人的说教，主持人能言会道，开口就教育受众的大有人在。娱乐节目主持人应该摒弃旧观念，重新确立艺人角色新观念。他们在享受媒体报道、社会资源上，与歌手、演员别无二致，社会公众也会将成功的娱乐节目主持人视为明星。从功能上说，他们所提供的产品与一首歌、一个影视剧一样，除了娱乐，其他都是次要的。主持人参与娱乐节目的意义，不在于对受众的教育，而是向受众提供放松自己、娱乐自己的文化消费产品。这就要求主持人放下高高在上的架子，回归人的本色状态。同时必须懂得，作为一个艺人，表演是必不可少的。当他在节目中尽情表演时，言语不再是某种权威的代表，而仅仅是娱乐。他为满足受众需求而做出的表演，既不会导致媒体权威性的丧失，也不会导致社会公益的丧失。

三、娱乐节目主持人的素质要求

俗话说："台上一分钟，台下十年功。"优秀娱乐节目主持人应该具有以下3个方面的素质：

幽默感。幽默感是娱乐节目主持人的基本素质。许多节目主持人口若悬河，滔滔不绝，却很难令人开心，这样的主持人就不适合主持娱乐节目。幽默不仅直接构成娱乐节目的内容，也是营造气氛的重要手段，在很大程度上决定一档节目的风格。

快速反应能力。快速反应能力是娱乐节目主持人的重要素质。没有快速反应能力，主持人就无法将现场稍纵即逝的闪光点抓住并立刻运用，以一种恰当方式将节目自然推进和转移，带来娱乐效果。主持人反应不快捷，根本原因是幽默感不足，知识储备不够，联想力和思维能力欠缺，口语表达能力差，无法在最短时间内组织好流畅的语言并积极地表达出来。适当的训练，经验的积累，对提高快速反应能力十分必要。

整体把控能力。娱乐节目主持人必须根据设定完成节目流程，在节目推进过程中积极发掘和充分运用娱乐元素，必须对节目流程、环节、节奏有充分把握，既不能使上一环节内容涨出，也不能使下一环节内容不足。控制节奏，把握大局，最见主持人功力。无论话题的起承转合，还是节目当中的娱乐布局，都难以事先周密布局，更需要主持人现场把控。

（2008年3月）

关于文化广告的几点思考

当前，随着大众文化消费时代的到来，文化产业正在成为世界经济的支柱产业之一。文化产业需要强有力的广告手段来推销，文化广告随之产生。如果缺少文化广告，文化产品就无法传播、推销出去，高效益的文化产业也就无法运行下去。

一、文化广告的界定

广告是商品经济的产物，随着商品生产和商品交换的不断发展，广告的概念也在不断改变和深化。根据《中华人民共和国广告法》的解释，广告是指商品经营者或服务提供者承担费用，通过一定媒介和形式直接间接地介绍自己所推销的商品或者所提供的服务。也就是说广告是广告主有计划地通过传媒向消费者介绍、推销自己的商品，唤起消费者注意并说服消费者购买使用的一种信息传播活动。这里广告指的是产品促销商业广告，并没有对文化广告概念做出专门阐释。相对于物质产品推销的商业广告而言，我们可以把文化广告定义为：文化广告是广告主有计划地通过传媒向消费者介绍、推销自己的文化产品或服务，唤起消费者的注意，并促使其去消费某种文化产品（包括文艺演出、电影电视、图书音像、文化娱乐、体育旅游等）的一种信息传播活动。文化广告传播方式的推进，会极大地推动文化产业的发展，文化广告已成为文化产业重要的推销方式。

二、文化广告在文化产业发展中的作用

所谓文化产业，是为社会提供文化产品生产和服务的产业，是通过工业化、信息化和商品化方式进行的文化产品和文化服务的生产、再生产、交换、分配和传播。其显著的特点是从文化手工业到现代文化大工业的深刻变革，像生产物质商品一样地生产文化，而且是大批量、大规模地生产文化商品。文化产业包括文化艺术业、新闻出版业、广播影视业、文化娱乐业、信息服务业、旅游业、教育等现代产业群。

在传统理论中，文化产品的生产单纯指文化工作者的脑力创造活动和文化产品的形成过程。在文化产品短缺的情况下，"好酒不怕巷子深"，对文化产品的社会化流通和消费并不重视。进入20世纪五六十年代，由于工业革命时代高科技与电子媒介的发展，特别是自由市场经济的高度完善，商业资本走向跨国化，信息传播渗透到所有的空间，社会文化变迁向纵深拓展，人们闲暇时间增多，商业文化（消费文化）随之迅猛发展起来，冲击着人们生活的方方面面。高消费深刻地改变着人们的生活方式和价值观念。这种大众消费文化的市场取向，更具有商业性、流行性、广泛性和产业性的特点。人们不仅清楚地认识到文化的意识形态功能，文化产品的经济价值也日益为人们所重视，文化产品的生产和接受纳入了根据市场价值规律进行交换的商品运行轨道。这就是我们说的文化的经济化，即文化开始进入市场、进入产业，使文化具有了经济力，成为社会生产力中的一个重要组成部分，成为经济发展的一种内在驱动力，故有学者称之为文化工业或文化产业时代。此时世界经济发展是另外一派风光，电影电视、综艺报刊、流行音乐、广告时装、体育竞技、网络经济等异军突起，都已成为新兴产业和新的增长点，并日益成为重要的支柱产业。1993年起，美国广

播电视、电影娱乐、报纸杂志等产业的总收入超过了1000亿美元；英国艺术业拥有200亿美元的产业规模，与其汽车工业不相上下；日本娱乐业经营收入超过汽车工业产值，其国民对文化产品的需求达到总需求的55%，超过了对物质产品的需求。

正是现代高科技与传媒的迅速发展、全球经济的一体化，促成现代文化产业的形成，也使广告空前繁荣，广告成为现代化的显著特点，文化广告随之应运而生。光彩夺目的文化传播环境，创造了一个能够有力地刺激大众消费的象征性符号世界，使文化广告在这个时代成为主导文化形式之一，推动文化产业迅猛扩展。文化广告在文化产业中的巨大作用主要表现在两个方面：

一方面，广告传播本身就是一种巨大的文化产业。广告作为传达说服信息的艺术，它具有经济与文化的双重功能，是一种特殊的传播类型。就其经济功能而言，广告作为信息传播的一种方式，原是商业推销产品与劳动的一种重要手段和工具，是一种商业行为，它能传递产品信息，沟通产需关系，引起消费购买，创造需求欲望，加速商品流通，从而提高企业的市场竞争力。进入现代社会以来，广告在传播经济信息、完成产品促销的同时，又以其审美魅力不断地创造文化形态，营造文化氛围，传输文化信息。正如美国广告界知名人士迪诺·贝蒂所言：如果没有人做广告，谁能创造今天的文化？你又能从哪儿为文化活动找到一种比广告媒介更生动的宣传方式呢？就广告的文化功能来说，广告又是一门生动的视听艺术。世界广告大师、美国的柏恩巴特说：广告的本质是艺术。广告本身也是一种文化样式，也是一种文化产品，广告活动就是一种文化活动，其产出的效益就是文化产业的一部分。据资料介绍，1996年，世界广告费用达到3700亿美元。

另一方面，广告作为文化产品传播、宣传的手段与渠道，也能形成巨大的产业，创造良好的经济效益。文化在当代形成了巨大的产业，并正在成为重要的经济支柱，这同文化广告的作用分不开。现代媒体发展迅速，渗透到世界的每一个角落（如互联网），各种文化活动、文化产品都是利用广告在媒体中传播的，广告在文化产业发展中起到了助推器的作用。从国外看，我们所知的文化品牌就有"好莱坞""迪斯尼"等。比如，"迪斯尼"是世界上规模最大、经营范围最广的文化产业公司，这同它伴随着世界广告业的发展，在运作中采用"销售文化""文化销售"策略分不开。他们每花费100万美元做广告，就会增加15.4万名游览迪斯尼的游客，平均6.5美元可增加一位游客，而这位游客要花费18美元买门票，花20美元买纪念品。迪斯尼公司每花掉1000万元广告费，增加5540万美元的收入。再比如1998年风靡全球的好莱坞电影《泰坦尼克号》创下十几亿美元的票房，加上附加产品，一部电影赚了20多亿美元。进入新世纪，由美国医学博士斯宾赛·约翰逊撰写的《谁动了我的奶酪？》风靡世界，全球销量已超过2000万册。这本不到4万字的小册子，在中国的各种报刊上大做文化广告，也在中国大地上走红。从国内来看，据统计，截至2000年底，我国仅文化部门主管的文化娱乐业、音像业、演出业等门类产业年上缴税金20.2亿元，创增加值118.9亿元。1998年科利华公司策划在国内出版《学习的革命》一书，在中央电视台《新闻联播》后的黄金时段做广告宣传，借着名导演谢晋说出广告语："拍摄《鸦片战争》是讲述一个民族的故事，而拍摄《学习的革命》则是讲述一个民族的未来。""《学习的革命》是每一个人迈向21世纪的护照。"在不到一年的时间里，《学习的革命》销售858万册，创利润近1亿元。2000年由李安导演的《卧虎藏龙》在奥斯卡获得4项大奖后，大做广告，使该片在美国市场上成功收获了1亿美元的票房（成为第一部在美国超过1亿美元票房的外语片）。由此可见，文化消费一旦在人们的心中占有了重要位置，就能创造巨大的文化产业。开展文化广告传播，是当代最具魔力的广告战略。

三、中国文化广告的发展方向

在经济全球化的条件下，知识经济已成为新型的经济发展方式。21世纪是一个经济与文化一体化发展的时代，文化比任何时候都显得重要。新时代文化产品更加凸现其经济价值与地位，文化产业将成为未来世界的支柱产业。当今，在发达国家，文化产业在国民经济中的地位越来越重要。在这一背景下，广告的经济、文化作用也将更加突出，文化广告在文化产业发展中的作用也会更加显著。因此，在经济全球化过程中必须高度重视文化广告的经济助推器的作用。

中国当代文化产业的发展，相对于发达国家来说起步较晚，较西方发达国家尚有巨大差距。1992年，我国政府主管部门第一次使用"文化产业"这个概念。与此相适应，中国的文化广告业也相对落后。虽然，近20年来中国广告业有了长足的发展，就数量上而言大大超过美国和日本，然而，大广告公司屈指可数，有国际影响的广告人才并不多见。现有的广告公司大都处于小规模、低水平、低效益的"小作坊"操作，同发达国家比较显得十分弱小。再从目前文化广告在文化产业传播中的作用来看，也是难以与发达国家相比的。我国虽有几部电影在国际电影节获奖，但是我国的电影并未能真正进入国际电影市场，所占国际市场份额只有1‰（美国的电影制品产量仅占世界电影制品总产量的6%，在世界电影市场的总体占有率却达到80%）；我国出版的书籍总数（品种数、发行量）位居世界前列，进入世界市场的却少得可怜，不到国际书籍市场份额的0.5‰。我国每人每年拥有两册杂志，与发达国家人均7~10册的平均数还有相当大的差距。然而，作为向世界挺进的中国广告，其发展趋向当然是走"国际化"的道路。经济全球化与中国加入世界贸易组织，会促进我国经济步入全球化的轨道，按照世界经济运行规则办事，使中国经济融入世界经济大家庭之中，为我们参与世界文化产业竞争创造条件，也迫使我国文化产业不得不进入国际大循环，面对外来广告业的挑战。

　　文化产业是世界公认的"朝阳产业"，蕴藏着巨大的市场潜力。我国的文化广告业起步较晚，尚处于摸索阶段，但我们要清醒地认识与感触到时代的变化，抓住机遇、转换思维、调整政策、解决问题是当务之急。中国文化产业的市场是巨大的，文化广告业的发展前途是光明的。一是中国地域辽阔，人口众多，文化需求丰富，为文化广告的充分发展提供了广阔空间。二是中国文化历史悠久，颇具民族特色，魅力无穷，因此具有巨大的挖掘潜力。它不仅可在国内市场开发，而且能打开世界市场，塑造中国的文化品牌。可充分利用国内"4A"广告公司把中国的文化产品向海外广而告之，参与全球文化产业资源的竞争和分享。三是逐步富裕起来的中国人，物质生活丰富以后更加注重精神生活，生活正在由实用功能型消费向文化审美型消费转变，人们对书籍、音像、影视、艺术产品的消费需求量越来越大，文化广告必将成为人们生活中重要的信息传播。四是贸易自由化给中国广告媒体提供了广阔的国际发展平台。中国文化广告业尽快与国际接轨，加大市场拓展力度，就能在世界广告市场争得一席之地。总之，文化产业是当代经济发展的一个新兴产业，那么，文化广告自然是广告业中亟待开发的新天地。我国广告业应该紧紧抓住文化广告发展机遇，不断增强综合竞争力，充分发挥中国本土文化产业优势，推进文化广告业的现代化进程。

（2001年7月）

广播剧创作散论

    广播剧是戏剧园地的一朵奇葩，作为有声艺术，具有其他艺术形式所不能替代的特性。著名作家贺敬之先生在1982年举行的"全国广播剧评奖会议"上说过："广播剧的听众很多，反应很强烈。现在有些说法不很全面，比如说有了电影、电视，还要广播剧干什么？因为传播到听众那儿有局限，看不见形象，广播剧没有看得见的形象，是否就能被代替？实际上它传播方便，艺术上有一种缺陷，又会造成另外的东西，造成想象，反而会更美。有局限，在局限中具有了它的美学体系，发挥想象是它的长处。它又比较灵活，政论体、报告文学、散文体、诗体都可以。形式本身有特点，不能代替。广播剧是无形的战线，有声的战线……它是一种艺术，是有声的艺术。"

一

    广播剧是一门想象的艺术。曹禺先生在评价广播剧时曾说："闭目静听，一切人物，生活的无穷变幻，凭借神奇的语言和音乐，你不觉展开想象的翅膀，翱翔在奥妙的世界中。"广播剧的成功，一个重要的美学基础，就是想象。编剧要利用想象，演员要利用想象，听众也要利用想象。想象是创作的纽带和杠杆。艺术创造需要想象就像鸟儿需要翅膀一样重要。

广播剧使人联想,是和一定情节、一定人物的思想相牵连,又能引导、控制听众的联想。因为创作者鲜明的创作意图会有意识地突出或者削弱某些内容,常常给听众提供一个典型环境,唤起并引导听众的形象记忆、情绪记忆,让听众的想象力展翅,翱翔在创作者营造的艺术情境中。

戏剧评论家李超曾说:"广播剧不具备直观的艺术特性,只具备着声音的直感艺术特性。所以,广播剧不像直观艺术那样带有确定不移的强迫性。像电影、电视的特写镜头一样,导演给你的艺术形象是不允许你有更多的想象的。"

所以,我们说广播剧的成功是和听众共同创造完成的。它唤起了听众的想象,进行了"再度创作",听众会用自己的生活经历和体验来补充、丰富或理想化广播剧创作者所提供的剧情。剧作者创造的美,通过演员美的声音表现出来,经过听众的接受、体验、想象,才使美得到实现,固化在听众的心里。这是广播剧的艺术特征。

我们在广播剧创作过程中深刻体会到,基于史实和现实基础上的充分想象,是广播剧振翅高飞的翅膀。如果我们想象的触角能够跟听众接通并广为发散,这部剧便成功了一半。无论天山顶上的朗朗明月,昆仑脚下的星星灯火,还是济南古巷的淙淙流泉……在现实与想象的斑驳世界里,大家都可以乘着声音的翅膀,在想象的时空里任意翱翔。精骛八极,思接千载,心游万仞。这时候,每个人心里都有一个自己的哈姆雷特,都有一方真正属于自己的天地。

二

剧本是"一剧之本",是广播剧的基础。题材是构成基础的基石,直接关系着广播剧的可听性、容量、思想意义和审美价值。

广播剧的选材很广，却又存在很大的局限性。可以从日常生活中汲取故事原型进行创作，也可以对小说、报告文学、戏剧、电影、电视剧等进行改编。衡量题材和素材是否合乎广播剧的选材标准，基本的要求就是能否易于用声音来表达。有些小说阅读起来很精彩，可存在大量的人物心理描写，难以用声音去传神，就不适合作为广播剧的创作素材。例如，表现一个人在荒野中艰难的生活，克服种种困难障碍到很远的地方取水，途中遇到了沙尘暴等恶劣天气。这样的故事与场景用到广播剧里，很难产生影视剧震撼、感人的效果。广播剧的戏剧冲突是靠语言来展开，靠人物对话来交代剧情，体现人物性格的。如果故事不吸引人，人物语言干瘪无趣，很难引人入胜。

广播剧在戏剧结构、语言表达方面也存在许多局限。广播剧创作的难处在于把故事说清楚，让听众听懂。剧中众多人物的语言是否有鲜明的个性，分得清楚，一听了然。哪怕是一个语气词，一个停顿，一个习惯用语，都要鲜明地表达出人物对事件、环境的态度，让听众感受到活灵活现的人物形象。一切故事尽在剧中人物的对话中。从剧本结构到人物关系，从时代背景到地理环境，甚至是人物细腻的感觉，都要用声音表达出来，这就是广播剧的要求。广播剧要用耳朵来写戏。广播剧的创作规则应该是：想到了，看见了，听到了，然后再写出来，从混沌朦胧到呼之欲出，到跃然眼前、如临其境，这是广播剧创作的真谛。

人物塑造是整个编剧工作的主体和中心。剧作家柯灵做过这样的论述："美妙的情思、生动的形象、晶莹的语言、缤纷的色彩、和谐的韵律……文学艺术中一切美好的东西，都是人民精神领域里的甘露。但美的结晶是人，是成功的人物造像。文学艺术的社会作用，主要是通过人物的感染而来。"广播剧由于播出时长限制，剧本创作是先有了人物的雏形之后，才能安排情节，使孕育在作品中的主题思想用人物形象具体地表现出来。广播剧受听觉局限，故事人物多了，听众容易混淆。在年龄上、性别上要有所选择，最好是老中青搭配，男女搭配。这样一来便于听众记住，二来也是从音色上悦耳。正如英国剧作家萧伯纳所说："如果你真想获得富有效果的表演，那你就必须注意使声调有变化。当我给一出戏分配角色时，我不仅考虑到这个角色要这样的人，那个角色要那样的性格，我还要挑选一个女高音，一个女中音，一个男高音和一个男低音。如果他们的对白用的全是一个调子，一种速度，那是极其不能令人满意的，而最终是令人厌倦的。"

广播剧塑造人物，要努力做到角度新颖、与众不同，切忌面面俱到、循规蹈矩。创作广播剧《泉城好人》时，我们把主人公设计成老济南风情胡同口里普通市井小人物，运用浓墨重彩的手法，巧妙的矛盾设计，把主人公倔强耿直、热情豪爽的山东人性格特点淋漓尽致地凸显出来，人物形象可感可触、立体感人，充满了鲜活的生命力。

创作《特殊"账本"》时，却采用单线发展的传统故事模式，用《共产党宣言》中译本作为全剧的"道具"。主人公刘葆辰给家里人秀芬嫂叮嘱时，将《共产党宣言》说成是店里柜上的账本，是一本"天下大账"。全剧以此为叙事线索并贯穿始终。秀芬嫂一家为了这本"天下大账"，男人英勇就义，儿子为掩护账本和乡亲们转移英勇牺牲，秀芬嫂自己也差点儿死于炮火之中。主人公与"账本"彼此烘托，账本已不再是单纯的一本书，而是支撑着人心灵的一种信念和理想。

三

广播剧剧本创作，情节不能过于蔓延芜杂，时间跨度不宜太大，否则很难在规定的时间里把故事、矛盾说清楚。广播连续剧，故事情节可以相对比较丰富，但要合理地分配剧情和矛盾冲突，在一个单元时间里，要简洁明了地把矛盾徐徐展开，不能一股脑地把冲突展现出来。让听众听懂故事，这是广播剧创作的基本守则。

　　一个剧目的时代背景，关系到作品的主题思想和内容含量。时代背景在每个具体剧目中的呈现方式却不尽相同。就背景与人物的关系而言，大致可分两类：一是将社会背景"前置"，将人物形象"后推"，让时代背景左右着人物命运，此称"外向型叙述方式"；二是社会背景"后置"，将人物形象"前推"，用人物反映时代背景，此称"内向型叙述方式"。《情满昆仑》采用第二种方式，将人物形象"前推"，从技术员崔善义到南疆帮种大棚蔬菜切入，展开故事情节，将"菜王"王乐义自愿将大棚蔬菜技术无偿在全国推广的背景"后置"。通过崔善义这个古道热肠的外乡人不远万里帮助当地人脱贫致富的过程，反映新时期山东农民的价值追求和精神风貌，突出了民族团结、科技兴农、西部大开发的重大主题。

　　人有体征，剧有戏线。广播剧的戏线就是主人公命运的戏剧冲突线。"让主人公面对一个难题，用纠葛强化这一难题，让难题达到最难程度，最后解决这一难题"，这是广播剧创作普遍采用的手法。广播剧《泉城好人》中，推动事件初起波澜的是主人公收水电费收到的那张百元假钞。作为生活在社会底层的小市民，收到假币的第一反应就是尽快把它花出去。可到底怎么花，花给谁，又是一个问题。主人公贾午时把假币花给了一个水果商贩，可当贾午时面对领导的器重和信任时，心中充满了愧疚，赶紧又用零钱换回了那张假钞。轻飘飘的一张假钞，特定环境下衡量了灵魂的重量，不仅串起了全剧，而且验证了真钞也无法买到的真善美。

　　《情满昆仑》一剧，创作中面临着一个戏剧冲突是否合理的问题。崔善义，一个大棚蔬菜种植技术员，为啥自家的大棚不种，一年少收入十几万，却跑到南疆风餐露宿，帮助当地百姓种植大棚蔬菜，吃苦受累，受尽委屈，每月才领取区区千元的补助？如果问题不解决，戏剧冲突不合理，就会让听众感觉故事虚假，令听众难以信服，有牵强附会故意拔高主人公之嫌。在创作过程中，我们煞费心思设计一个剧情，借助乡长吾斯曼之口替听众向崔善义抛出了这个问题，崔善义回答道："亏是亏了，那要是说起我们王书记，那更是亏大了！他是最懂大棚菜的技术，要是他单门独户自己干，那得挣多少钱啊？可是他把自己的技术无偿地传授到全国各地，还让我们到处去现场教别人。起先，我也想不通，可王书记说了，眼光得放长远，咱们富了，能看着周围的兄弟受穷吗？这些个大道理一时半会儿我也琢磨不透，可俺这辈子啊，就服王书记，就愿意听他的话，吃亏也值！"几句简短朴实的话语，会让听众心中的疑惑烟消云散，故事和冲突合情合理，人物至真至善，寿光菜农无私援疆的动人情景清晰可辨，"吃亏也值"与那"义结阿热勒，情满昆仑山"的丝毯交相辉映。

四

沙中有世界，叶里有菩提。毛细血管最能感知冷暖，见微知著的细节最能打动人心。对于广播剧来讲，细节决定成败是指情节的精微之妙，一部优秀的广播剧必然有生动感人的细节。细节最适于表现人物的内心世界，没有细节的人物是干瘪的脸谱，没有鲜活细节的广播剧是乏味的声响。但细节不能脱离整个故事情节的演进，只为展现细节而不顾其余，细节的设计必须为主题思想的深化和人物形象的塑造来服务。许多好戏往往是从一个生动感人的细节扩展开来的，那样的细节，作者在发现的瞬间，便引发强烈的直觉性美感反应，并随之展开多种联想升发，向着某一趋向深入开掘，结果引隧为河，成就了一部好的剧作。

广播剧创作的难点还在于戏剧转场。影视作品转场可以靠镜头切换达到目的，比如美国经典电影《猎鹿人》中有一场很精彩的场景转换。3个男青年要去越南前线，临行前在美国的家乡有一个很热闹的聚会。在这场戏的结尾，欢乐的场面中突然传来了直升机的轰鸣，镜头一晃就转移到了越南的直升机上。用这种镜头语言，把从美国到越南之间复杂、繁冗的过程一笔带过。而广播剧中每场戏的衔接要靠声音来转换，有时用的是音响效果，有时用一段主题音乐，有时运用对话的暗示。采用特定音响效果，会把听众直接领进下一场戏的环境之中，使戏的节奏简洁、明快；通过主题音乐可以让听众沉浸在音乐营造的氛围中，接受剧中所表达的情感，自然而然融进剧中的情节转换。广播剧的转场需要精心设计，用得不好，就容易把听众搞糊涂，不知剧情发展到哪了，也不知道此时说话的人是何人，不知下一场戏在何地。广播剧创作一定要在转场上下功夫。只有掌握了这种创作技巧，才能游刃有余。

五

广播剧创作，是团队协作的成果，是集体共同的荣光。

一部优秀广播剧的诞生，无不凝结着全体主创人员的智慧。广播剧的创作是由编剧、导演、演播、作曲、录音、音响、剧务等各方面通力合作才得以完成的，每个岗位都需要付出才智心血和辛勤汗水，苦辣酸甜，自解其味。从事广播剧的创作，从某一个层面说，正在改变和已然改变了内心的生态环境，开启了人生的另一扇窗。从事广播剧创作，是难得的修为，能够在浮华和劳碌中沉心静气，闭关冥思，心无旁骛，与剧中人物同喜同泣，犹如在文艺的漫天星河里回溯，寻着一线罅隙光亮，豁然开朗，洞然天外处发现世外桃源和理想之国。让人懂得了声情的美妙和人生的美好，砥砺了性格，丰富了阅历，开阔了视野，延展了心性，增强了事业心和协作力。戏如人生，剧中窥人，更让我对人情练达和世事变化看得较为通透。以专业的态度致力于一项追求，打造一座精神圣殿，累积事业的厚度和人生的高度。那种难得的畅快情怀和成就愉悦是稍纵即逝的幸福时光，更是不可多得的人生财富。因为殊为难得，所以尤为感动，倍加珍惜。

（2012年11月）

后　记

　　广播电视宣传工作是感性的工作，做好感性工作需要理性思维。思维分为感性思维和理性思维。感性思维的功用是感觉摄取、知觉归纳、想象再造、联想引导、情感指导；理性思维的功用是概念抽象、判断分类、推理导出结论、语言表述、知识传播。感性的工作依靠理性思考产生思维结论和决策指导，它使我们从狭隘的经验现实中摆脱出来，迈入另一个开阔炫彩的天地，启迪我们的精神不向狭隘和琐碎处沉沦，激励我们的工作不会因日复一日的繁杂而停滞不前。它使得我们能够用一种新的眼光看待周围的一切，审视周围的一切，从而使我们的行动变得自觉自律自信。从业20多年，在多个岗位上干过不同的行当，我深深地体会到，要做好广播电视宣传工作，需要持续的勤奋，长久的工作激情和深厚的学养。只有常学勤思，才能让自己元气充盈，视野开阔，行动敏捷。

　　这本小册子，收录了自己十多年来撰写的一些论文、调查报告、讲课提纲和业务散记，记录了我在业务领域的一些思考和理论探索。由于学识有限，难免有错漏之处。诚望不吝指教。如果能给读者提供一些参考和借鉴，就达到出版此书的初衷。

　　书中有的文章在撰写过程中，一些同事提供了资料收集、观点建议、文字整理工作，我都在文末标注了合作者的姓名，向他们表示真诚感谢。

特别感谢山东广播电视台的领导对本书编辑出版予以鼓励和指导。

特别感谢山东教育出版社社长、编辑所给予的大力支持。

张 先

2015年4月